国家重要产品追溯体系建设培训读本

中华人民共和国商务部市场秩序司　编

中国商务出版社
CHINA COMMERCE AND TRADE PRESS

图书在版编目（CIP）数据

国家重要产品追溯体系建设培训读本 / 中华人民共和国商务部市场秩序司编. –– 北京：中国商务出版社，2019.5

ISBN 978-7-5103-2800-8

Ⅰ . ①国… Ⅱ . ①中… Ⅲ . ①产品质量 – 质量管理体系 – 中国 – 技术培训 – 教材 Ⅳ . ①F273.2

中国版本图书馆CIP数据核字(2019)第084768号

国家重要产品追溯体系建设培训读本
GUOJIA ZHONGYAO CHANPING ZHUISUTIXI JIANSE PEIXUN DUBEN

中华人民共和国商务部市场秩序司　编

出　　　版：中国商务出版社
地　　　址：北京市东城区安定门外大街东后巷28号　　邮　　编：100710
责任部门：国际经济与贸易事业部（010–64269744　bjys@cctpress.com ）
责任编辑：张高平
总 发 行：中国商务出版社发行部（010–64266119 64515150 ）
网购零售：中国商务出版社淘宝店（010–64269744）
网　　址：http://www.cctpress.com
邮　　箱：cctp@cctpress.com
排　　版：贺慧蓉
印　　刷：廊坊蓝海德彩印有限公司
开　　本：787毫米×1092毫米 1/16
印　　张：12.75　　　　　　　字　数：201千字
版　　次：2019年12月第1版　　印　次：2019年12月第1次印刷
书　　号：ISBN 978-7-5103-2800-8
定　　价：58.00元

前　言

　　追溯体系建设是强化质量安全监管、保障放心消费和公共安全、服务消费升级的重要举措。通过追溯体系建设加强产品质量安全管理，是发达国家的通行做法，对我国而言也是惠民生、促消费、稳增长的重要举措，对于进一步加强产品生产经营者责任意识、强化产品质量安全保障能力、营造安全放心的消费环境等具有重大意义。

　　自《国务院办公厅关于加快推进重要产品追溯体系建设的意见》（国办发〔2015〕95号）印发以来，商务部会同相关部门认真落实党中央国务院部署，以物联网等现代信息技术，围绕食用农产品、其他食品、药品等重要产品，大力推进信息化追溯体系建设。追溯体系由点到面，由单一产品追溯链条到多品种交织的追溯网络，逐步构筑形成产品质量安全的隐形防护网。追溯技术作为一项新兴技术，涉及政策法规、质量安全管理、供应链管理、信息化等多领域专业知识，而政府部门和行业人才匮乏的现实，严重制约了各地追溯体系建设运行的质量和成效。为解决上述问题，商务部市场秩序司组织有关专家学者编写了本书，期望为加强行业人才培养、推动追溯工作、普及追溯知识起到积极作用。

　　本书分为基础篇、制度篇、建设篇和应用篇四部分。基础篇主要介绍了追溯的基本概念与有关理论基础，提出了追溯体系框架结构；制度篇讲解了追溯体系建设有关法律法规、标准体系、政策制度；建设篇主要介绍了企业追溯体系建设、追溯平台建设与体系互联互通、政府部门推进模式与管理要点以及目前追溯体系建设情况；应用篇从政府部门、实施企业、终端用户或消费者三个角度，介绍了追溯体系的具体应用。

本书由中商商业经济研究中心原主任刘海飞指导，参与编写的单位和同志包括：广西壮族自治区商务厅曹武英、山东省标准化研究院王玎和吴菁、中国标准化研究院刘文和刘鹏、中国电子技术标准化研究院王文峰和耿力、中国农业科学院崔运鹏、国研软件股份有限公司倪永品、上海中信信息发展股份有限公司廖百成、中国检验认证集团山东有限公司王卓君、浙江大学创新技术研究院戴知君、厦门物之联智能科技有限公司程鑫华、珠海复旦创新研究院高自立、智云天地农业信息技术(北京)有限公司侯宁、中国国际电子商务中心张勇和杨洋等行业专家学者，全书由中国国际电子商务中心任晓涛统稿。在此谨向参与编写的诸位同仁付出的努力表示感谢。

由于时间仓促，受编者知识经验所限，本书难免存在缺失或不合理内容，恳请读者给予批评指正，并将有关修改意见反馈给中国国际电子商务中心任晓涛，电子信箱：rxt@ec.com.cn.

编者

2019年10月

Cotents 目录

第四部分　应用篇

第一部分　基础篇

第一章　概　述

第一章　概述

一、概念和术语

1．产品与重要产品

产品（product），《现代汉语词典》解释为"生产出来的物品"，《工业自动化系统与集成产品数据表达与交换》将其定义为"由天然或人造而成的事物"，《质量管理和质量保证的术语ISO8402：1994》将其界定为"活动或过程的结果"或它们的组合。通俗地讲，产品常指向市场提供的被人们使用或消费并能满足人们某种需求的任何东西，既包括有形的物品，也包括无形的服务、组织、观念或它们的组合。

重要是对产品特点进行修饰的一个词语，是否被确定为重要产品，是针对某一目的或目标而言的。本书中，重要产品（important product）是指当前及今后一个时期，国家在推动行业组织、生产经营企业等开展追溯体系建设过程中，将其列为重点实施对象的产品。根据国务院办公厅《关于加快推进重要产品追溯体系建设的意见》（国办发〔2015〕95号），当前国家纳入追溯的重要产品主要包括食用农产品、食品、药品、主要农业生产资料、特种设备、危险品、稀土产品七大类。国家根据需要将适时调整重要产品目录，各地可依据国家重要产品目录，结合当地实际，确定本地纳入追溯的重要产品目录。

2．追溯与可追溯性

追溯（tracking & tracing）指通过记录和标识，记录客体的历史、应用情况或所处位置的活动，包含追踪和溯源两个方面。追踪指从供应链的上游至下游跟随追溯单元运行路径的能力；溯源指从供应链的下游至上游识别追溯单元来源的能力。美国食品科技协会（IFT）在关于食品追溯试点实际状况的一份官方报告中，将其表述为在食品供应链的整个过程中，对食品向前和向后的运动轨迹予以跟踪定位，其中，向前移动被称为跟踪（trace-forward），向后被称为溯源（trace-back）。

可追溯性（traceability）作为一个专有名词出现，最初始于质量管理与质量保证领域。《质量管理和质量保证的术语ISO8042：1994》把可追溯性定义为"通过登记的识别码，对商品或行为的历史和使用或位置予以追踪的能力"。《质量管理体系基础和术语ISO9000:2000》将其定义为"追溯所考虑对象的历史、应用情况或所处场所的能力"。欧盟认为，食品可追溯性是"从生产至销售的整个过程中，对食品、饲料、食源性动物以及任何供食用或基于合理预期将用以食用的任何物质进行跟踪和追踪的能力"。Moe·T（1998）将可追溯性定义为"一种可追踪产品链中全部或部分历史记录的能力，既可以实现从最终产品到运输、储存、销售等环节的全程追溯，也可以实现某些环节的内部追溯"。

综上，追溯是一种活动，是追溯主体的主动行为活动；而可追溯性则代表了一种能力，是客体能够被追溯的能力。二者实为对同一现象的差别化表述。从可追溯角度看，具备以下几个方面的内涵：第一，面向产品的各个环节。既包括产品的原料来源、生产过程、储存过程，也可包括产品的销售过程与购买过程。第二，唯一的标识作为载体。每一个产品都应该通过唯一的标识将其与其他产品相区分。正是基于标识的唯一性，才能在庞大的数据信息中迅速将该产品给予定位。第三，一定质量规定的标准化的衡量标准。产品追溯的具体内容是可以通过具体技术指标予以衡量的相关数据信息。

3. 追溯体系与追溯系统

体系泛指一定范围内或同类的事物按照一定的秩序和内部联系组合而成的整体，是不同系统组成的整体。早期学界对追溯体系的认识主要局限在整个追溯过程，围绕追溯范围和产品路线及其相关活动，把追溯体系看作是企业内部追溯和企业外部追溯之和（T.Moel，1998）。企业外部追溯体系是整个追溯体系的关键组成部分，以企业内部追溯体系为基础，需要供应链上各节点企业在统一的标准和制度下建立内部追溯体系，并选择匹配的信息技术（T.Moel，1998；Anon，2007）。后来随着追溯体系建设的不断发展，追溯体系除了关注追溯过程，还涵盖了追溯过程管理，成为用于建立追溯方针、过程和程序以实现追溯绩效目标的一系列相互关联或相互作用的要素集合。

追溯体系与追溯系统虽然皆可翻译为"traceability system"，但二者有本质的区别。追溯体系是可追溯性概念在产品质量安全管理方面的理论表述，参照国际食品法典委员会（CAC）对可追溯体系的定义："食品市场各个阶段的信息流的连续性保障体系"，追溯体系是产品在市场各个阶段的信息流的连续性保障体系，涵盖从生产到使用的全部或部分追溯链条、参与主体相关行为、系列约束条件和规则（如有关政策制度、标准规范、运行机制等），以及支撑技术手段等多方面保障措施。追溯系统则是利用现代信息管理技术给产品编号、保存相关管理与处理记录，从而可以查询产品整个生产、流通与消费过程的系统。

可见，追溯体系范畴大于追溯系统，追溯系统作为支撑追溯体系的技术手段，包含于追溯体系内，是追溯体系建设中与追溯数据和信息有关的重要建设部分。

二、理论基础

本书引入信息不对称理论、利益相关者理论、政府干预和市场失灵理论，为重要产品追溯体系建设提供理论基础。

1. 信息不对称理论

信息不对称理论是经济学中的一个重要理论，由约瑟夫斯蒂格利茨、乔治阿克洛夫和迈克尔斯彭斯这三位美国经济学者于1970年首次提出，是指交易各方参与者拥有的信息不同，在经济活动中，掌握信息比较充分的参与者往往处于比较有利的地位。一般来讲，在产品交易过程中，卖方往往比买方拥有更多产品信息，在监管不到位的情况下，卖方为了追求利益最大化，可能会有意隐藏这些信息，从而引发投机行为和道德风险；而从买方角度来讲，传统经济学假定产品是质量相同，价格是调节市场需求的关键因素，这就容易导致那些价格高的优质产品在市场竞争中处于不利地位，从而导致"劣币驱逐良币"的现象。

信息不对称存在于产品从生产到销售供应链的各环节，为消除不同利益主体（如上下游企业之间、企业与消费者之间）的信息不对称，必然需要政府采取有效措施，加强产品追溯体系建设，将产品供应链各个环节信息由卖方搜集并提供给买方；而买方可以随时将信息反馈给卖方，增强信息的互换，提高产品信息的透明度，进而实现明白消费、放心消费、相关产品的优质优价。

2．利益相关者理论

利益相关者理论，是在1929年被通用电气公司的一位经理在其就职演说中首次提出，意为公司应该为利益相关者服务。1984年，被誉为"新古典主义经济学之父"的诺贝尔经济学奖获得者，美国经济学家弗里曼在其出版的《战略管理:利益相关者管理的分析方法》一书中明确提出了利益相关者理论。弗里曼直观描述了利益相关者与组织(企业）之间的关系，认为"利益相关者是能够影响一个组织目标的实现，或者受到一个组织实现其目标过程影响的组织或人"。

产品追溯体系建设所涉及的利益相关者主要有三方：政府、企业（商户）、消费者。政府是产品追溯体系建设的重要推动方和监管者，通过推动追溯体系建设，强化对产品生产、流通、销售等各环节的监管，保障产品质量，维护公众利益，从而提升政府的执政能力和公信力。企业（商户）是追溯体系中的重要构成，涵盖了从原材料生产到零售终端的各类生产经营主体，是实施追溯的第一责任主体，可以获得来自市场的质量认可形成的品牌效益、经济收益、政府给予的直接补贴或间接税收优惠，以及当产品质量出现问题时迅速发现、迅速止损的间接收益。对于消费者而言，能获得的最大收益那便是具有更多的选择权，所购可追溯产品的质量更加放心。

3．政府干预理论与市场失灵

市场失灵是市场无法有效率地分配商品和劳务的情况。市场失灵理论认为，完全竞争的市场结构是资源配置的最佳方式，但在现实经济中，完全竞争的市场结构只是一种理论上的假设。美国著名经济学家斯蒂格利茨提出，通过市场自身调节不能够达到社会经济公平状态时，政府干预可以使市场重新回到最优状态。这一新理论的提出对市场机制不完善、信息不透明的市场调节提供了理论依据，也为政府干预机制指出了新的研究道路。

产品追溯体系建设中的两大利益相关者——企业和消费者，两者之间存在非典型的信息不对称关系：一方面是买方认知能力有限或信息掌握成本太高，另一方面是在机会主义倾向下，卖方故意隐瞒产品信息。在这种情况下，政府干预就显得十分必要，以保护消费者的合法权益、促进企业之间的公平竞争。

在产品追溯体系建设中，政府主要干预行为体现在四方面：（1）做好顶层设计，加强法规制度和标准体系建设；（2）搭建管理平台，推动产品追溯数据互通共享；（3）营造社会氛围，鼓励生产经营企业、协会和第三方机构以及广大消费者参与追溯体系建设；（4）加强政策和技术服务支持，为开展追溯体系建设的企业提供金融、营销方面的政策支持和技术服务。

三、追溯体系框架结构

基于国办发〔2015〕95号文件内容，本书构建了重要产品追溯体系建设框架，如图1-1所示。追溯参与主体建设、追溯网络建设、追溯技术建设是追溯体系建设的三大核心建设内容，通过一系列制度要求、标准规范和机制作用保障该体系有效有序运行。

追溯行为参与主体主要分为三类：政府管理部门、企业（含生产、加工、仓储物流、批发零售等）、消费者。政府管理部门主要采取建立监测和标准体系、过程监控、政策引导、法律保障、市场监督、宣传推广等措施对产品追溯行为进行调控监督与管理。企业是产品追溯体系建立的主要实施主体，企业通过建立产品质量追溯等来实现企业追求利润最大化和承担社会责任的统一目标。消费者通过利用产品追溯，可最大限度地维护自己的知情权，当产品出现质量问题后可以追究相关主体的质量责任，保障自己的权益。

追溯网络建设涉及产品、空间、追溯链条三个层面。产品主要包括食用农产品、食品、药品、主要农业生产资料、特种设备、危险品、稀土产品等；空间涉及国家、省、市、县四级，追溯体系既在这些区域内相对完整独立，又在区域间存在互联互通和信息共享；追溯链条包括从原材料生产到消费者购买前的零售终端全过程。为了显示方便，图1-1对追溯链条进行了简化，即产品从生产经运输再到消费的过程。

追溯技术体系主要包括信息标识采集技术和追溯平台建设。其中，常用追溯技术有一维标识码技术、二维标识码技术、无线射频RFID技术等；追溯平台建设包括各级追溯管理平台、具体产品追溯平台、企业追溯平台、电商追溯平台、第三方追溯平台以及其他追溯平台等。企业或商户追溯数据存储于各类追溯平台中，同时各类各级平台互相连接，进行数据的交换和共享，最终逐级汇总至国家级追溯管理平台。保障信息的连续性需要发挥信息传递共享机制、监管机制、激励机制、利益分配机制的协同作用。

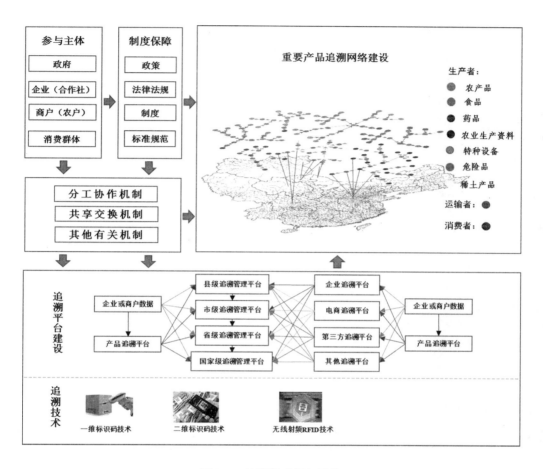

图1-1　追溯体系框架结构

第二部分　制度篇

第二章　法律法规

一、国外追溯法律法规

从20世纪90年代开始，发生在诸多国家和地区内的二噁英和疯牛病等食品安全事件对当时的经济环境产生了深远影响。于是，许多发达国家和地区通过建立追溯制度，以加强产品质量安全管理。其中，美国、欧盟、日本等较早开展追溯体系建设的国家和地区，已经建立起了法律法规健全、执行监管机构配套齐全，以预防、控制和追溯为特征的产品安全追溯监管体系，并推广应用到农产品、食品、药品等领域，极大地保障了消费安全。欧盟、美国、日本等国家或地区的追溯体系框架基本包括了追溯链条体系、追溯监管体系、追溯制度和标准体系、追溯技术和信息管理系统等方面。

1．欧盟追溯法律法规现状

欧盟在政府监管、法律制度、标准规范等建设中，均实行两级体系建设。以欧盟的农产品/食品安全追溯为例，欧盟一级，分别成立欧盟健康和消费者保护总署、欧盟食品与兽医办公室、欧盟食品安全局。欧盟健康和消费者保护总署负责提出食品安全管理法规，欧盟食品与兽医办公室负责监督成员国和第三国是否遵守欧盟的食品卫生法及相关规定。各成员国成立各自的监督管理机构，并以欧盟制定的有关法案为基础，根据自身法律体系及要求自行制定相关法律、细则和标准等。这些法律法规是欧盟各成员国和各大企业联盟制定法律和实施细则的基本参照，也是全球其他国家农产品进入欧盟市场的基本准入规范。

表 2-1　欧盟追溯法律法规汇总表

法律名称	规定内容	发布日期
《食品安全绿皮书》	确立了欧盟之后在食品质量安全方面的监管原则和方针政策，如官方引入 HACCP 机制保障食品安全、在食品立法时引入风险评估与科学评价	1997年
《食品安全白皮书》	将食品安全作为欧盟食品法的主要目标，形成了一个新的食品安全体系框架，首次提出了"从田间到餐桌"全过程管理纳入卫生政策，引入HACCP体系，要求食品和食品成分可追溯	2000年
《（EC）No.178/2002号法规》	要求从2005年1月1日起，在欧盟范围内销售的所有食品都能够进行溯源，具体包括：溯源应在生产、加工、和分销的所有环节建立；食品和饲料所有经营者应建立能够识别所有参与食品链过程的人和物的体系或程序；食品和饲料的经营者应建立如何与其他经营者发生联系的体系或程序；应建立食品溯源识别和文件管理体系	2000年
《欧盟通用食品法》	规定食品企业从业者应该配合主管部门，及时采取行动防止或者减少其食品导致的风险	2002年
《（EC）No.1760/2000号法规（新牛肉标签法规）》	要求建立对牛类动物和牛肉、牛肉产品标记的识别和注册体系。在牛肉加工的每个阶段，必须能够获知如下信息：牛肉所属牛的产地、肉类动物或动物种群相联系的参考代码、欧盟批准的对肉类加工的地点；在牛肉加工的每一个环节都必须在加工地点之前建立起牛肉进货批号和出货批号的联系	2002年
《海捕鱼追溯信息记录规范》《养殖鱼追溯信息记录规范》	对海捕鱼和养殖鱼在海捕（养殖）、运输、批发、销售等不同环境应记录的信息进行明确规定	2002年
《欧洲议会和理事会条例(EC)No.1830/2003》	对转基因生物体的可溯性和标签要求，及由转基因生物体生产的食品和饲料产品的可溯性要求	2003年
EEC 1907／90 号、EEC 1906／90 号和EC 2295／2003 号条例	对蛋类和禽类提出了可追溯性要求	
EEC 89／396 号指令	须对食品作标记以确定批次，即为保证产品的自由运输和消费者拥有充分的信息，需要建立一个识别已生产包装食品所属批次的共同体系，通过批号编码来识别食品	
理事会EC 2200／96 号条例	对水果蔬菜提出了可追溯性要求：要求新鲜的蔬菜和水果、某类水果干必须标明原产地。但这一规定也适用于土豆、葡萄、香蕉、豌豆、饲料豆和橄榄	
《欧盟反伪造药品指令》	明确要求为欧盟境内流通的每一种药品建立"可供验证其真实性"的安全档案，并建立一个欧盟国家通行的数据库，储存药品安全信息。该法案的颁布为欧洲药品电子监管系统的实施奠定了法律基础	2011年

法律名称	规定内容	发布日期
《通用产品安全指令》（2001/95/EC，简称GPSD）	要求产品供应链中的制造商和经销商都有责任保证投放市场的产品的安全性；要求制造商应向消费者提供相关信息，告知产品可能存在的危险，使他们能够对产品在正常使用期间可能具有的危险性进行评估，以便采取必要的预防措施防止这些危险的发生，并能够准确追溯	
《缺陷产品责任指令》	调整产品的制造商与消费者、受害人之间，因产品缺陷发生损害而形成的损害赔偿关系的专门法律规范。该指令对产品责任的归责原则、承担产品责任的主体、产品责任的性质、缺陷的定义、举证责任、损害的赔偿范围、时效等作出了详细的规定	

（1）食品及食用农产品

食品产业链条长、环节多，囊括了种植养殖、加工、运输、批发与零售等所有环节。因此，建立食品"从农田到餐桌"的全程、全链条可追溯体系，是保障食品安全的重要手段。

欧盟等发达国家或地区食品可追溯体系在制定法律法规、强化与食品安全控制标准的契合、明晰监管职责、建设可追溯设施、实施整个食品链的安全控制等方面对我国具有重要启示意义。

欧盟的食品安全监管是集中管理，欧盟食品安全监管体制分欧盟和成员国两个层次，纵向上贯穿从欧盟到成员国内部各个层级，横向上联系着各成员国。欧盟层级的监管机构主要有欧盟理事会、欧盟委员会、欧盟食品安全管理局。欧盟食品安全的决策部门、执法部门是相分离的，欧盟委员会的健康与消费者保护总署是决策部门，欧盟委员会的食品与兽医办公室是执行部门，负责对欧盟各国食品安全操作标准的审核和监督。欧盟由食品安全局这一个独立的机构负责监测整个食品链（即"从农田到餐桌"）的食品安全并进行风险评估，同时将评估结果及时向社会公布。欧盟食物链和动物健康常务委员会帮助欧委会制定食品安全措施。欧盟监管体系如图2-1所示。

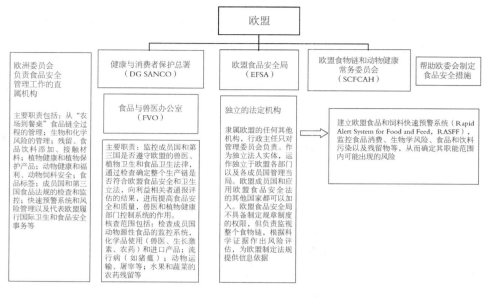

图2-1　欧盟监管体系

　　各成员国为了贯彻欧盟食品安全相关的统一规定，都根据各自国情建立自己的食品安全监管机构。因此，各国食品安全监管机构的主体责任明确，既有统一性又有灵活性，如德国负责统一监管的是食品与农业部，英国则是由独立于政府之外的食品标准局负责监管。

　　欧盟在食品追溯方面的工作有着强有力的法律法规支撑，近30多年以来，欧盟制定了20多部食品安全追溯相关的法律法规，已经建立起一整套较为完备的食品安全追溯的法律法规标准体系。

　　欧盟的法律法规主要有《食品安全白皮书》《通用食品法》《调料包装和放射性食物的保存方法》《动物饲料及添加剂法规》《食品卫生法》和欧盟（EC）No.178/2002号法规等。其中，《食品安全白皮书》及欧盟（EC）No.178/2002号法规是欧盟的食品安全基本法。

　　2000年颁布的《食品安全白皮书》首次把食品"从农田到餐桌"的全过程管理纳入卫生管理领域，最早提出了"从田间到餐桌"的概念。《食品安全白皮书》是欧盟建立食品安全监管机构及制定相关措施的核心文件，该白皮书强调以下几方面：食品企业对食品安全的责任；在食品安全可追溯中强化与食品安全控制标准的契合，要求在食品安全可追溯中应用良好生产规范（GMP）、良好农业规范（GAP）、危害关键控制点分析（HACCP）等食品安全控制技术；要求所有食品都要可追溯。

欧盟（EC）No.178/2002号法规要求从2005年起，在欧盟范围内销售的所有食品都能进行追溯，具体要求包括：在生产、加工和分销的所有环节建立追溯制度；食品和饲料的所有经营者应建立能够识别所有参与食品链过程以及与其他经营者发生联系的人或物的体系或程序；建立食品追溯识别和文件管理体系。2006年实施的《欧盟食品和饲料安全管理》则涵盖了整个食物链，实现了食品从原料到生产再到销售和售后安全反馈等全部环节的无缝隙衔接。2012年，欧盟实施了针对动物源食品流通信息追溯记录的法规，即欧盟（EC）No.931/2011号法规，要求对某些动物源食品的流通信息，包括流经的经销商地址、名称以及动物源食品的数量、发货日期等进行详细记录。

欧盟食品追溯法律法规的相关规定，主要作为各成员国进行相关立法的主要依据和最低标准，各成员国可以根据自身情况进行更加严格和详细的法规细则的制定，进而保障农产品质量安全。例如，德国在推动全面农产品信息追溯制度的过程中，强制要求使每种食品都必须具备可追溯性，不论国产还是进口食品，都必须注明商标、主要成分和有效期、质检机构认证、产地标识等显著标志。

相关法规主要包括：

①2000年，欧盟发布了《食品安全白皮书》，将食品安全作为欧盟食品法的主要目标，形成了一个新的食品安全体系框架，引入HACCP体系，要求食品和食品成分可追溯。

② 2000年，欧盟颁布（EC）No.178/2002号，要求从2004年起，在欧盟范围内销售的所有食品都能进行跟踪和追溯，否则不允许上市销售。

③（EC）No.1760/2000号法规（新牛肉标签法规）要求，建立对牛类动物和牛肉、牛肉产品标记的识别和注册体系。在牛肉加工的每个阶段，必须能够获知如下信息：牛肉所属牛的产地、肉痛动物或动物种群相联系的参考代码、欧盟批准的对肉类加工的地点；在牛肉加工的每一个环节都必须在加工地点之前建立起牛肉进货批号和出货批号的联系。

④（EC）No.178/2002号法案（食品法通则和要求）要求，从2005年1月1日起，在欧盟范围内销售的所有食品都能够进行溯源，具体包括：应在生产、加工和分销的所有环节建立溯源体系；食品和饲料所有经营者应建立能够识别所有参与食品链过程的人和物的体系或程序；食品和饲料的经营者应建立如何与其他经营者发生联系的体系或程序；应建立食品溯源识别和文件管理体系。

⑤ 2002年，欧盟出台《海捕鱼追溯信息记录规范》《养殖鱼追溯信息记录规范》，明确规定海捕鱼和养殖鱼在海捕（养殖）、运输、批发、销售等不同环节应记录的信息。

⑥ 欧洲议会和理事会条例(EC) No 1830/2003，规定转基因生物体的可溯性和标签及由转基因生物体生产的食品和饲料产品的可溯性。

⑦ EEC 1907／90 号、EEC 1906／90 号和EC 2295／2003 号条例，对蛋类和禽类提出了可追溯性要求。

⑧ EEC 89／396 号指令规定：须对食品作标记以确定批次，即为保证产品的自由运输和消费者拥有充分信息，需要建立一个识别已生产包装食品所属批次的共同体系，通过批号编码来识别食品。

⑨ 理事会EC 2200／96 号条例对水果蔬菜提出了可追溯性要求：新鲜的蔬菜和水果、某类水果干必须标明原产地，但这一要求也适用于土豆、葡萄、香蕉、豌豆、饲料豆和橄榄。

（2）药品

药品安全关乎国计民生，面对频发的药品质量安全事故，欧美国家早已探索建立可追溯体系来推进对药品质量安全的监管。美国、欧盟等是较早开展药品追溯标准化工作的国家和地区，其已建立起来的法律法规体系和配套组织执行机构是目前全球范围内最为健全完善的。这种以预防、控制和追溯为特征的药品质量安全追溯监管体系，可使得药品安全生产、流通、使用各环节受到全程监控。

欧盟的药品法律法规标准体系由三个层面组成：第一层面是指法令(Directives）和法规(Regulations）, 由欧盟议会和欧盟理事会颁布实施，少部分由欧盟委员会颁布实施。法令是欧盟用于建立统一药事法规的法律框架，各成员国需要通过立法将其转化为国内法实施。第二层面是指由欧盟委员会依据有关法令和法规而颁布实施的药品注册监督管理程序和GMP指南。第三层面指由欧洲药品评价局（EMEA）颁布实施的一些技术指南和对一些法规条款所作出的解释。

2003年10月，欧盟（EC）No.94/2003号法规阐述了人用药品及临床研究用药GMP的原则及指南方针(principles and guidelines)，并按此指令制定了欧盟 GMP 主体文件及19个GMP附件，均属强制执行。因人用药品及兽药采用同一个GMP标准，欧盟的GMP检查职能部门设在"欧洲药品评价局兽药及检查处"（简称检查处）。检查处的工作主要包括：

①统一、协调欧盟GMP相关的活动；

②参与GMP的起草及修订；

③对欧盟GMP要求及相关技术性问题进行解释；

④制定欧盟GMP检查规程。

检查处还参与欧盟内外的GMP合作计划，它与国际药品认证合作组织(PIC/S)、世界卫生组织（WHO）保持密切联系，将欧盟法规的信息和要求融入ICH(人用药品注册技术要求国际协调会）研究中的GMP课题。

有关法规主要包括：

①2011年，欧洲议会和欧盟理事会通过了《欧盟反伪造药品指令》（The EU Falsified Medicines Directive，DIRECTIVE2011/62/EU），明确要求为欧盟境内流通的每一份药品建立"可供验证其真实性"的安全档案，并建立一个欧盟国家通行的数据库，储存药品安全信息。该法案的颁布为欧洲药品电子监管系统的实施奠定了法律基础。该系统运行多年，该模式在欧洲各国受到广泛认可，目前在各国已基本实现全面覆盖。

②2006年，欧洲制药工业协会联合会（European Federation of Pharmaceutical Industries and Associations，EFPIA）联合药品供应链中各利益相关集团，建立一套在欧洲范围内通行的欧洲药品验证系统（European Medicines Verification System，EMVS）。

③欧洲药品编码中心是药品生产商和平行进口商的数据传输门户，欧盟境内所有生产商和平行进口商统一通过该中心上传或验证药品信息;其下

接若干国家系统或国家蓝图系统。该中心出台了《欧洲药品包装编码指南》（European Pack Coding Guidelines Specification），要求二维矩阵码编码结构必须符合GS1标准，并包含下列药品信息：该药品的全球贸易项目代码（Global Trade Item Number，GTIN）、药品序列号、药品过期日和药品批次。

④《欧洲药品验证系统实施阶段信息传输要求》（European Medicines Verification System–Implementation Phase：Request for Information）的规定，药剂师在发售药品前，须先扫描药品包装上的二维矩阵码。经扫描，系统会将检测到的药品信息与中心数据库中的信息相对比。如果扫描到矩阵码中的信息与数据库中的信息相符，并且满足其他标准（如"药品在保质期内"和"药品不在召回范围内"），药剂师可将药品发售给患者，此数据库中的药品状态自动改为"已发售"。如果扫描到矩阵码中的信息与数据库中的信息不相符（如显示"数据库中不存在该序列号"）或者该序列号所代表的药品状态为"已发售"，则说明该药品有可能是假药。这时，药剂师应拒绝将该药品发售给患者。此后，系统会自动向该药品的制造商发出假药警报。

（3）消费品

①《通用产品安全指令》。《通用产品安全指令》（2001/95/EC，简称GPSD）是一项为某些无具体欧盟监管规定的产品类别推算其符合性的重要的立法，要求产品供应链中的制造商和经销商都有责任保证投放市场的产品的安全性；要求制造商应向消费者提供相关信息，告知产品可能存在的危险，使他们能够对产品在正常使用期间可能具有的危险性进行评估，以便采取必要的预防措施防止这些危险的发生，并能够准确追溯。

②《缺陷产品责任指令》。1985年，欧盟通过了《缺陷产品责任指令》（85/374/EEC，又称《产品责任指令》），在欧共体范围内统一确立了缺陷产品致害的严格责任原则，确保高水平地保护消费者，并要求成员国通过国内立法实施指令。《缺陷产品责任指令》是调整产品的制造商与消费者、受害人之间，因产品缺陷发生损害而形成的损害赔偿关系的专门法律规范。该指令对产品责任的归责原则、承担产品责任的主体、产品责任的性质、缺陷的定义、举证责任、损害的赔偿范围、时效等作出了详细的规定。

1999年，指令范围由消费品扩展到初始农产品（如肉类、谷物、水果和蔬菜）。截至2003年2月，欧盟原15国已完成了相应的国内立法程序。该指令确立了产品的严格责任原则，但允许成员国在个别条款上保留差别，其中之一便是所谓"开发风险"的规定。指令第15条1b允许成员国将"开发风险"作为产品责任的抗辩事由，其对于新产品上存在的科学手段尚不能知晓的风险免于承担责任。此外，指令允许成员国对损害赔偿额规定上限，但不得低于指令所规定的最低标准。值得注意的是，指令并不完全排斥成员国内现有的产品责任法的规定，如惩罚性赔偿、消费者自愿承担风险、共同侵权人的责任等规定仍然可以作为指令的补充继续适用。

《缺陷产品责任指令》涵盖了所有没有特定产品责任法律的产品，因而那些属于新方法指令，获得CE标志的产品也属于该指令的范畴。该指令建立了"无过失责任"原则，即没有必要证明生产商的疏忽或过失，消费者只需要证明损害是由产品造成的即可。

根据指令，"生产商"包括：任何参与生产过程的人；缺陷产品的进口商；任何以姓名、商标或其他识别特征附于产品上表明自己是产品的生产者的人；任何供应无法识别其生产商的产品的人。这意味着欧洲进口商对其投放市场的产品负责。然而，进口商通常会将投诉转交给制造商/出口商，也就是说，产品责任指令也与欧盟外的生产商相关。

"缺陷"指产品不能提供人们所期待的安全性，通常要考虑以下几项因素：产品的提供；产品合理的使用；产品在市场流通的时间。

为了证明产品有缺陷，被害人必须证明：实质的损害，产品中的缺陷，损害和缺陷之间的因果关系。如果被害人能够证明以上内容，他能够从生产商或进口商（很可能向生产商追加赔偿）寻求经济赔偿。

指令中"损害"定义为：因人员伤亡造成的损害；对于除了缺陷产品外、用于私人使用或消费、价值不低于500欧元的财产物品的损害。指令允许每个成员国对同等物品同样缺陷造成的人员伤亡规定生产商责任最高限值，这个限值不应低于7000万欧元。

为了减少风险，生产商可以采取以下防护措施：

a. 符合法规要求；

b. 制定有效的质量管理体系；

c. 制定系统的供应商评价体系；

d. 制定产品召回、客户投诉记录和评价程序；

e. 明确对产品误用、保存期限和贮藏的评价；

f. 制定谨慎表达的标签、使用说明和不承担责任的声明。

2. 美国追溯法律法规现状

（1）总体情况

表2-2　美国追溯相关法律法规汇总表

法律名称	规定内容	发布日期
《处方药营销法案》	要求药品经营企业提供药品的真是来源和销售记录文档	1988年
《生物性恐怖主义法案》	提出"实行从农场到餐桌的风险管理"。要求食品、饲料企业建立和保持能够确定食品来源和去向的记录，以便美国食品药品管理局能够追查出对人类或者动物健康造成严重的不利影响或者死亡威胁来源	2002年
《记录建立和保持的规定》《生产设施注册及进口食品运输前的规定》《管理性扣留的规定》	为企业和执法者提供实施食品追溯的技术和执法依据	—
《公众健康安全与生物恐怖应对法》	以该法案为指引，FDA 确立三个重要的原则：食品流通轨迹的记录与保持、生产设施的注册、食品运输记录的保持	2003 年
《食品安全跟踪条例》	要求食品生产企业、食品销售企业以及物流运输企业保存所有食品生产、销售、流通、运输等环节中涉及到食品的相关信息，且该规定适用于美国国土内的所有企业，包括外国企业。该条是美国当局要求企业建立产品可追溯制度的主要依据	2004 年
《食品药品修正法案》	确立通报食品注册制度，通报食品是指"由于其使用或与其接触而在一定合理程度上可能存在引起人或动物严重不良健康后果或死亡的食品（不包括营养补充品或婴儿配方食品）"该制度为鼓励如果确认某食品为应通报食品，FDA 鼓励相关责任方尽快联系地方 FDA 机构，或者地方的公共卫生管理人员，并且不晚于食品被确认为应通报食品后的 24 小时	2007 年
《食品安全现代化法案》(FSMA)	规定在美国境内统一果蔬等产品的安全标准，并强制推行，防止部分地区放松要求；食品生产企业（包括食品原材料生产企业）要强制性建立食品追溯制度以及食品生产档案制度，防范食品安全事故并在事故发生时能够迅速追溯到问题源头，防止事态扩大；所有的食品企业（包括外国食品生产企业及食品供应企业）在登记注册时必须建立起 HACCP 机制。除此之外，FDA 对企业的 HACCP 机制运行情况每年进行核验，发现不合格的企业将处以罚款，严重者吊销企业生产资格，等等	2010年

（2）食品及食用农产品

美国非常注重生态农业的发展，在立法中明确强调农产品质量安全，并将本国农产品推向全世界，这与过硬的农产品可追溯制度是分不开的。美国的农产品溯源制度通常不是以单独的立法进行的，而是分布于农产品安全相关法律法规中。

在监督管理方面，美国食品安全管理机构有三大明显特征：纵向三级（联邦层面之上、联邦层面、州和地方政府层面）运作，从上到下"一揽子"的垂直管理，避免了各个环节之间的脱漏或重复；横向（联邦层面）多部门联合，"以产品管理为主、分段管理为辅"。美国的食品安全监管机构虽然由多个部门共同负责，但每个监管机构职责明晰，这些监管机构在食品安全标准、食品安全监管、食品安全教育等方面都各司其职。高效、集中、针对性强的食品安全追溯监管形成了对食品安全"从田间到餐桌"的整个食品链的安全控制。

联邦层面主要由食品安全监督服务局、食品药品监督管理局、动物植物检验局、疾病预防控制中心、环境保护署等部门共同负责监管。美国农业部食品安全监督服务局主要负责监管肉、禽及蛋类产品的质量安全以及缺陷产品的召回工作。如果发现某种禽肉或牲畜产品存在风险，即使在没有确切证据的情况下，监管机构也可以要求企业将产品召回，并作出补救措施；如果确实检查出存在质量安全问题，除勒令企业召回问题产品外，相关企业还将面临高额的罚金甚至监禁。食品药品监督管理局管辖范围最宽，涉及肉类和家禽以外的所有食品。动物植物检验局主要负责动物疫病的诊断、防治、控制以及疫情监测。疾病预防控制中心主要负责食源性疾病的调查和防治。环境保护署等其他11个部门负责其他与食品安全相关的事务。美国监管体系见图2-2。

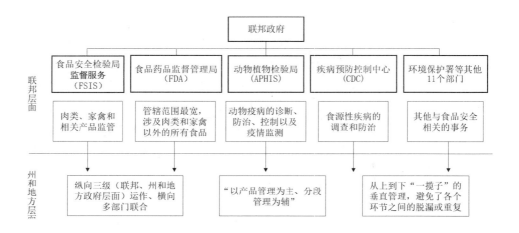

图2-2　美国监管体系

　　美国较强的食品安全监管体系，实现了对食品企业严格的监管，对存在安全问题的食品企业进行严厉的处罚并责成食品企业花重金召回问题食品。《食品安全加强法案》中包含关于食品安全问题的严厉处罚规定，一旦发现食品存在安全风险，政府可立即对食品企业下达强制召回问题食品令，所有费用由生产问题食品的企业承担。《联邦食品、药品和化妆品法》明确规定所有凡有意生产"错误标签"、"掺杂"的生产商要处以10年以下的有期徒刑并且还要罚款。一般情况下，食品企业得知食品存在风险或缺陷时，都会主动从市场上撤回问题食品，很少出现政府强制要求食品企业召回问题食品的情况。有效的食品可追溯体系和较强的处罚力度使食品企业不敢有意生产问题食品。

　　美国食品安全追溯方面的法律法规体系较完善，覆盖了所有食品。美国涉及食品安全方面的法律有《公众健康安全和生物恐怖主义预防应对法》《食品安全现代化法案》《FDA食品安全促进法》《食品质量保护法》《联邦食品、药品和化妆品法》等，法规有《生产设施注册及进口食品运输前的规定》《记录建立和保持的规定》《禽产品检查法》《管理性扣留的规定》《联邦安全和农业投资法案》《食品安全跟踪条例》《蛋类产品检查法》《色素添加剂修正案》《公平包装和标签法》《婴儿食品法》等。

这些法律法规科学灵活且强有力，使食品安全保障有充分的法律依据。其中，《公众健康安全和生物恐怖主义预防应对法》《食品安全现代化法案》是美国农产品/食品追溯法律框架的核心内容，并制定有关条例、标准、规范等，标志着对食品安全进行强制性管理的开始并将食品安全提升到国家战略层面。《食品安全现代化法案》要求全面推广HACCP体系，对食品生产过程中的原材料生产、加工、流通、消费各个环节中的危害进行风险分析，并按照相关标准实施产品控制。

2003年5月，美国食品药品监督管理局（FDA）公布了《食品安全跟踪条例》，要求涉及食品运输、配送和进口的企业对食品流通过程中的全部信息进行记录并保全，并要求大企业的可追溯体系必须在一年内建立。食品质量与安全协会修订的《SQF Code 食品质量与安全标准》也加入了产品标识、追溯和召回条款，完善了认证体系。美国根据该法案制定了《记录建立和保持的规定》《管理性扣留的规定》等法规，既为监管执法提供执法依据，也为企业实施食品安全可追溯提供了技术支撑。

2005年，美国制定了《鱼贝类产品的原产国标签暂行法规》，规定产品外包装箱、箱柜、纸箱或者零售包装上的商标都必须包含原产地及产品生产方式的信息，包括进口产品和混合产品。否则，美国相关部门有权勒令退回，或者对在规定期限内没有达到要求的可在美国进行销毁。因此美国通过先进的科学技术对农产品的各方面指标实行严格控制，设置贸易壁垒，通过建设农产品质量体系，充分保护了本国农产品的竞争力。

2009年的《食品安全加强法案》要求食品企业要建立危害分析、预防措施、食品召回和追溯等制度。《联邦安全和农业投资法案》提出了食品召回的有关规定。

FDA制定了《记录建立和保持的规定》《生产设施注册及进口食品运输前的规定》《管理性扣留的规定》等法规，为企业和执法者提供实施食品追溯的技术和执法依据。

（3）药品

早在1988年，美国制定了《处方药营销法案》（PDMA），要求所有药品经营企业记录药品来源和销售去向。2005年，美国食品药品监督管理局

（FDA）发布了《上市的风险评估（前期市场准则）》《药物警戒和流行病学评价（风险管理在药品上市后的规范做法）》及《风险最小化行动计划和应用程序》3个相关指南文件，对已上市药品存在的安全隐患和风险进行评估和监测：一是上市的风险评估(前期市场准则），二是药物警戒和流行病学评价(风险管理在药品上市后的规范做法），三是风险最小化行动计划和应用程序。其中，常用的上市后风险最小化措施就包括药品信息的追踪。

2007年，《食品药品管理修正法案》被颁布实施，要求美国卫生与公众服务部在2010年3月前，制定一个适用于处方药生产商与分装商的SNI（应用于处方药跟踪与追溯系统的标准化数码标识，standardized numerical identification，SNI），对处方药进行识别、验证、确认、跟踪以及追溯，用于分装的SNI应能与用于生产的SNI进行链接，并且SNI应与关于这种标识的国际公认标准相一致。美国大多数的处方药包装已含有NDC。NDC的标签编码包含生产商与分销商信息，药品编码包含药品特性、剂型；配置等信息，包装编码包含药品包装尺寸与类型信息。在NDC的基础上加上一组不超过20个字符的数字序列所形成的SNDC（SNI），可链接到包含药品批号、有效期、分销信息以及其他有关药品标识的数据库中，这样便能作为识别处方药包装的方法，进而有助于验证、跟踪与追溯药品。

美国国会于2013年8月通过《药品质量与安全法案》（H.R 3204），该法案于2013年11月被参议院批准成为联邦法律，在全国实施统一的药品供应链安全标准，以加强处方药供应链管理，保障公民用药安全，具体表现在可有效识别假药，同时可防止药价攀升和药品短缺。该法案要求截至2015年1月，制药企业、药品批发企业和药品再包装企业每进行一笔药品交易，必须提供和接受药品谱系；自立法之日起4年后，制药企业的每单位药品包装上都设有产品识别码。6年后，药品批发企业只能接收和销售具有识别码的药品；7年后，零售企业只能接收和销售具有识别码的药品；10年后，全面实施药品电子监管系统。法案规定，药品识别码应包含以下信息：（1）药品名称、制药企业的注册证号或者其他证件号码以及生产地址。（2）药品的商品名或者通用名、药品的含量、用药剂量和强度、药品交易日期、销售发票的票号、药品包装规格、有效期截止日期、生产批号。（3）企业名称、地址、企业注册证号或其他证书编号、购买过该药品的企业、运输信息(包括承运方的名称和地址）。（4）确定以上信息为真实和准确的证明。

3．日本追溯法律法规现状

（1）食品及食用农产品

日本在农产品质量安全管理方面经验丰富，经过多年实践，已经建立了完备的管理和监控体系。日本已形成食品安全委员会、农林水产省、厚生劳动省三方协同的监管体系。此外，日本农民还自发组织成立农业协会，保障农民利益的同时也承担着监控农产品质量的责任。协会通过构建"农协之放心体系"，对产品进行认证，其认证标签代表该商品是通过安全、规范的生产方式生产出来的，生产、流通、加工等各环节均可追溯。

日本的食品安全监管由食品安全委员会、厚生劳动省和农林水产省三方共同负责监管。在各监管机构内部把决策部门、执法部门、产业发展部门完全分离、互不交叉，每个部门职责明晰且机构设置、人员结构较为合理。农林水产省的食品危机管理小组和生产局负责食品的安全和质量，其中生产局主要负责各种农产品及其产业管理、监督；厚生劳动省的食品管理局负责食品流通过程的安全；食品安全委员会负责协调厚生劳动省和农林水产省的工作，负责食品安全的风险评估、风险信息的沟通与公开、政策的指导与监督。日本监管体系图见图2-3。

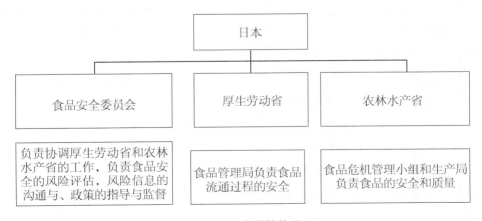

图2-3　日本监管体系

2003年5月，日本颁布了《食品安全基本法》，该法作为日本确保食品安全的基本法律，树立了从"从农田到餐桌"全程确保食品安全的理念，提出了综合推进确保食品安全的政策、制定食品供应链各阶段的适当措施、预防食品对国民健康造成不良影响等指导食品安全管理的新方针。《食品安全基本法》的众议院内阁委员会的附带决议，提出了根据食品生产、流通的实际情况，从技术、经济角度开展调查研究，推进能够追溯食品生产、流通过程的可追溯制度。

日本先后出台了《农药管制法》《农业标准法》《植物防疫法》《肥料管制法》《家畜传染病预防法》《确保饲料的安全性及品质改善法》《牛肉可追溯法》《大米可追溯法》等一系列法律法规，涵盖农药和肥料使用、农产品标识、动植物防疫和控制、生产过程管理、转基因产品标识、饲料添加剂最高残留限量、产品安全风险评估和可追溯制度等多个方面。

其中，"可追溯管理"模式在及时掌握产品动态以确保农产品生产安全、出现问题时可追根溯源等方面发挥着重要作用。2001年，日本首先在肉牛生产环节引入信息可追溯，消费者可以根据牛肉包装盒上的身份号码，通过互联网查询该牛肉的原始生产信息。2003年6月，日本政府通过了《牛只个体识别情报管理特别措施法》，于同年12月1日开始实施，对牛肉从生产、加工、流通到销售整个供应链实施全程追溯。2004年12月，日本开始实施除牛肉以外的农产品的追溯制度。2005年，日本农业协同组合（简称农协）对该协会统一组织上市的肉类、蔬菜等所有农产品实施追溯，建立了粮农产品认证制度，对进入日本市场的农产品要进行"身份"认证。在销售末端的零售环节，大部分超市都安装了可追溯终端设备，强制性地引入零售可追溯性计划。消费者可以随时查询所购农产品的生产、加工、流通各环节的详细信息，目前所有农产品都遵循可追溯管理模式。

2008年，日本颁布了《关于米谷等交易信息的记录及产地信息传递的法律》，建立大米可追溯体系。

2009年，以日本农业协同组合等为代表的团体组织，逐步建立所有农产品可追溯的体系，实现果蔬、肉制品、乳制品等农产品的生产者，农田所在地，施用的农药、肥料及施用的次数，收获、出售日期等信息记录可查询。

（2）药品

日本现行《药品上市后安全监管质量管理规范》（Good Vigilance Practice，GVP）对药品上市后的安全管理建立了一系列标准，涉及药品合理使用信息的收集、准备和研究，以及安全保障措施的实施。GVP中提及药品安全管理信息的收集、基于安全管理信息监测结果起草的安全保障措施、安全保障措施的实施等内容。日本现有成熟的食品安全追溯系统，可防止食品事故发生，并具备向消费者提供食品的产地、生产加工和物流等信息查询的能力。当食品事故发生后，日本可以通过流通渠道记录迅速地回收同批食品，查究事故原因，调整现有流通渠道，让食品绕过有问题的节点继续流通，确保其他食品流通渠道的安全，以最大程度地减少危害扩大。未来，不排除该国将此系统的运行方式与药品安全监管相结合，形成独特的药品追溯体系。

4．澳大利亚追溯法律法规现状

澳大利亚的农产品高度依赖出口。澳洲联邦政府通过组建食品监管机构，颁布了一系列法案，开启了最严苛的食品安全追溯监管，以确保农牧业产业发展和出口农产品质量安全。在立法上，澳大利亚对食品行业的追溯作了强制性规定。《食品法案》《贸易行为法案》《食品安全条例》等法律法规是食品质量安全追溯管理的主要依据。《食品安全标准》《农业法》《消费者权益保护法》是技术性法律法规，具有统一性和权威性，是食品安全追溯的有益补充。澳大利亚在农产品生产、加工标准以及食品标准法案中，对乳类、海鲜、活畜、鸡蛋、豆芽等6类产品的生产或加工均包含了追溯条款。澳洲联邦政府和州政府根据每年的实际情况，制订或调整法律法规，督促所有企业按照法律法规开展质量安全追溯工作，确保农产品质量安全。

追溯体系关系到大众健康，一个良好的追溯体系体现在三个方面：一是有完备的应急预案可以有效预防问题的发生，二是有快速的反应机制确保一旦发生问题可以及时处理，三是防止同样问题再次出现以增强消费者信心。在联邦政府的统一协调下，生产者和销售商在州和地方监管部门的监督下，依据召回法律法规，采取更换、赔偿等补救措施，将问题食品从消费者手中强制召回，消除缺陷食品对人的危害。澳洲食品召回主要法律依据是《澳大利亚新西兰食品标准法案（1991））》《贸易行为法案》和《澳大利亚新西兰食品工业召回规范（2002）》，由召回计划、启动召回、实施召回、召回完成4个环节组成。澳洲每个月都会有食品召回事件发生，召回频率高、反应快、处罚严。2015年2月10日，澳大利亚4名成年人在食用1公斤装的急冻混合浆果（Frozen Mixed Berry）后，感染了潜在致命的甲肝病毒。2月13日，维多利亚州卫生部门责令该品牌冻浆果的分销商帕蒂斯食品公司（Patties）迅速召回两个关联品牌的树莓与什锦浆果，并向全国消费者发布召回公告，同时责令该食品公司召回了500克和300克包装的混合果浆，并开展追溯调查和实验室测试。2月17日，实验室结果反映，从中国进口的树莓、草莓、黑莓和从智利进口的蓝莓是致病源。2月18日，维多利亚州卫生部门对帕蒂斯食品公司（Patties）处以6万澳元的罚款，并对来自中国和智利的莓类产品进口实施严格检测。通过该事件，澳大利亚卫生部、工业部提出法案，规定所有产品的成分须明确标识来自每个国家的比例，进一步完善了追溯信息标识的内容和形式。

二、国内追溯法律法规及规章

1. 国内追溯法律法规情况概述

目前，我国重要产品追溯政策与法律法规体系已形成初步架构，包括国家法律、政策、部门规章和地方法规等。为推进重要产品追溯体系的建设和发展，国家一方面出台新政策，另一方面针对有关法律、法规和规章条目进行修订，以完善法规及追溯管理制度，细化和明确生产经营者的责任和义务。

国家先后颁布了《中华人民共和国食品安全法》《中华人民共和国农产品质量安全法》《中华人民共和国种子法》《中华人民共和国动物防疫法》《中华人民共和国畜牧法》《中华人民共和国药品管理法》《中华人民共和国中医药法》《中华人民共和国特种设备安全法》《中华人民共和国消费者权益保护法》《产品质量法》等法律。这几部法律的出台不仅规范了现有的产品质量安全管理体制，又根据现今社会日益暴露出的安全隐患制定了相关的防范机制，对于国内追溯法律法规的影响与意义更为突出。

2015年，国务院印发《关于积极推进"互联网+"行动的指导意见》（国发〔2015〕40号）、国务院办公厅《关于加快推进重要产品追溯体系建设的意见》（国办发〔2015〕95号）等多项政策文件被颁布施行，以指导和推动追溯体系建设与发展。国办发95号文件印发以来，各部门积极行动，不断加强和完善现有追溯法律法规。商务部门牵头深入探索推进重要产品追溯综合立法，各相关部门继续推动将生产经营企业建立信息化可追溯制度要求纳入各领域专门立法中。原农业部制定了《农产品质量安全追溯管理办法》，原国家质检总局发布了《进口食品进出口商备案管理规定》《食品进口记录和销售记录管理规定》。有立法权的地区积极开展追溯地方立法工作，上海市、福建省、甘肃省和南京市等省市分别制定了区域性食品安全信息追溯管理办法，为加强食品等重要产品质量安全监管、严厉打击违法犯罪行为提供了有力的法律依据。

当前，我国已经发布的涉及追溯要求的法律法规及规章见表2-3：

表2-3 国内追溯相关法律法规汇总表

法律层级	名称	编号	发布部门
法律	《中华人民共和国食品安全法》	中华人民共和国主席令第二十一号	全国人大常委会
法律	《中华人民共和国农产品质量安全法》	中华人民共和国主席令第四十九号	全国人大常委会
法律	《中华人民共和国种子法》	中华人民共和国主席令第三十四号	全国人大常委会
法律	《中华人民共和国动物防疫法》	中华人民共和国主席令第八十七号	全国人大常委会
法律	《中华人民共和国畜牧法》	中华人民共和国主席令第四十五号	全国人大常委会
法律	《中华人民共和国药品管理法》	中华人民共和国主席令第二十七号	全国人大常委会

续 表

法律层级	名称	编号	发布部门
法律	《中华人民共和国中医药法》	中华人民共和国主席令第五十九号	全国人大常委会
法律	《中华人民共和国特种设备安全法》	中华人民共和国主席令第四号	全国人大常委会
法律	《中华人民共和国消费者权益保护法》	中华人民共和国主席令第七号	全国人大常委会
法律	《产品质量法》	中华人民共和国主席令第七十一号	全国人大常委会
行政法规	《食品安全法实施条例》	国务院令第666号	国务院
行政法规	《乳品质量安全监督管理条例》	国务院令第536号	国务院
行政法规	《危险化学品安全管理条例》	国务院令第645号	国务院
行政法规	《民用爆炸物品安全管理条例》	国务院令第653号	国务院
行政法规	《农药管理条例》	国务院令第677号	国务院
部门规章	《食用农产品市场销售质量安全监督管理办法》	国家食品药品监督管理总局令第20号	原国家食品药品监督管理总局
部门规章	《关于食品生产经营企业建立食品安全追溯体系的若干规定》	国家食品药品监督管理总局令2017年第39号	原国家食品药品监督管理总局
部门规章	《进口食品进出口商备案管理规定》	国家质量监督检验检疫总局公告2012年第55号	原国家质量监督检验检疫总局
部门规章	《食品进口记录和销售记录管理规定》	国家质量监督检验检疫总局公告2012年第55号	原国家质量监督检验检疫总局
部门规章	《畜禽标识和养殖档案管理办法》	中华人民共和国农业部令第67号	原农业部
地方法规	《福建食品安全条例》		福建省人大常委会
地方规章	《上海市食品安全信息追溯管理办法》	上海市人民政府令第33号	上海市人民政府
地方规章	《福建省食品安全信息追溯管理办法》	福建省人民政府令第198号	福建省人民政府
地方规章	《甘肃省食品安全追溯管理办法》	甘政办发〔2014〕14号	甘肃省人民政府
地方规章	《南京市肉菜流通追溯体系管理暂行办法》		南京市人民政府

2．国内追溯法律法规规章的不足

目前，《食品安全法》《中医药法》《种子法》《农药管理条例》等法律法规已经对追溯作出了一些规定，但缺乏强制性要求和有效惩戒措施。上海、甘肃、河北等省市出台了追溯体系建设地方性法规或规章，但国家层面的追溯专门立法尚未出台。

三、重要产品追溯立法的背景、意义与建议

2017年6月，十二届全国人大常委会第二十八次会议在人民大会堂举行联组会议，围绕《产品质量法》执法检查中发现的问题开展专题询问。商务部部长钟山在会上就《产品质量法》执法检查中发现的重要产品追溯体系建设相关问题，回答了全国人大财经委副主任委员杨雄的询问。钟山强调，建设食用农产品、食品、药品等重要产品追溯体系，是贯彻党中央、国务院重大决策、落实依法治国的重要举措，是一项以人为本、惠及千家万户的民生工程。近年来，围绕推进重要产品追溯体系建设，商务部会同有关部门在建立制度机制、加大部门合力、明确产品种类、开展试点示范、扩大覆盖面和延伸追溯链条方面开展了许多工作。

为落实钟山部长的工作要求，全面调研国内外追溯领域法规标准，了解各部门、地方政府、企业协会等各方主体关于追溯的法制需求及立法建议，梳理立法思路、架构和内容，明确政府部门、生产经营企业等各方主体在追溯体系建设中的法律责任，商务部市场秩序司于2017年7月份启动了追溯立法工作，成立了重要产品追溯立法工作组，启动草案起草工作。

1．重要产品追溯立法的背景与意义

我国已经进入追溯产业快速发展期，在营造公平有序的营商环境、推动监管模式创新、提升产品质量管理能力、促进消费升级等方面取得了积极成效。

2015年，国务院办公厅印发《关于加快推进重要产品追溯体系建设的意见》（国办发〔2015〕95号），明确由商务部牵头，会同有关部门共同推进

食用农产品、食品、药品、农业生产资料、特种设备、危险品、稀土产品等重要产品追溯体系建设。

经过几年的不懈努力，各部门各地区多措并举，通过试点、示范等形式推动重要产品追溯体系建设，取得了显著成效。其中，商务部、财政部开展的肉菜、中药材流通追溯体系建设试点工作，分别覆盖了五批58个大中型城市、3批18个省市，截至2017年底，全部完成试点建设任务，于2018年转入常态化运行。据统计，累计覆盖各节点企业8万多家、商户50多万户，有效保障了试点地区肉菜、中药材流通消费的安全。2016年商务部会同财政部在上海、山东、宁夏、福建厦门四地开展了重要产品追溯体系建设示范工作，于2018年下半年完成评估验收。四地在特色产品追溯、追溯法规制度和标准建设、平台建设与互联互通、市场化推进机制等方面形成了一系列典型经验。追溯体系建设取得了新产品明显成效，假冒伪劣产品明显减少，居民消费信心明显增强。

但是，追溯体系建设与目标要求和群众期望相比，还存在一定差距，追溯立法和标准体系建设工作相对滞后，特别是追溯法律法规需要进一步健全。

完善法规制度能约束规范和科学界定政府和市场的边界，有利于在法治框架内调整各类市场主体的利益关系，有利于构建起统一开放、竞争有序的市场体系，有利于营造公平公正的竞争环境，将追溯体系建设与构建社会诚信机制、强化企业主体责任、问题产品召回紧密结合，最大限度发挥追溯体系的倒逼作用和服务功能。加快推动部门和地方立法，进一步健全相关法律法规，实行依法建设，依法管理，对于实现追溯体系建设可持续发展具有重要意义，事关国家重要产品追溯事业有序健康发展的工作全局。

2．重要产品追溯立法的建议

商务部门牵头探索推进重要产品追溯综合立法，各相关部门继续推动将生产经营企业建立信息化可追溯制度要求纳入各领域专门立法中，支持有立法权的地区开展追溯地方立法工作。标准化工作管理部门和商务部门会同相关部门建立完善的重要产品追溯标准体系，明晰国家标准、行业标准、地方标准、团体标准等相互关系，合理确定通用性标准与各品类各领域专用性标准制修订需求，有序推进标准制修订工作；加快推进重要产品追溯通用性标准建设，共同开展标准宣贯、试点与应用推广等工作，推动重要产品追溯国家标准向国际标准转化，形成国际互认的通用追溯规则。农业农村、市场监管、中医药管理、药监等部门分头推进食用农产品、食品、中药材、药品等重要产品各领域的追溯专用标准制修订和应用推广工作。

第三章　标准体系

一、国外追溯标准化建设情况

从20世纪90年代开始，许多发达国家和地区通过建立追溯制度推进产品质量安全管理。美国、欧盟、日本等较早开展追溯体系建设的国家和地区，已经建立起了法律法规健全，执行监管机构配套齐全，以预防、控制和追溯为特征的产品安全追溯监管体系，并应用到农产品、食品、药品等领域，保障了消费安全。欧盟、美国、日本等国家或地区的追溯体系框架基本包括了追溯链条体系、追溯监管体系、追溯制度和标准体系、追溯技术和信息管理系统等方面。

1. 国际标准化组织

在国际追溯标准层面，国际标准化组织（International Organization for Standardization，ISO）简称ISO，作为国际标准化领域的重要组织，发布了系列标准，从供应链层面、信息链层面和监管链层面形成了三层架构体系，保障全链条产品质量与安全（见图3-1）。

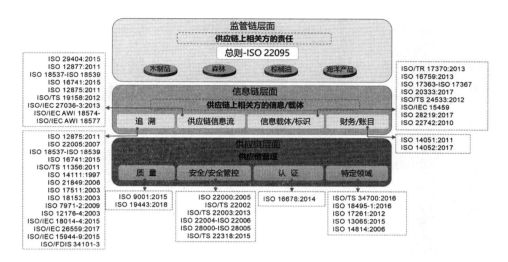

图3-1　ISO标准架构

其中，在信息链层面，追溯作为重要技术支撑，在饲料与食品、水产品、医疗器械等方面，形成了一系列国际标准，指导各国应用追溯技术（见图3-2）。部分重要内容如下：

①国际食品法典委员会（CAC）在2004年第27届会议上，增加了追溯定义。

②食品进出口检验与验证法典分委会制定了《（CAC/GL 60-2006）在食品检验与验证系统内作为工具的可追溯性/产品追溯的原则》，提出了可追溯性作为一项工具在食品检查与认证体系中的一般原则。

③国际标准化组织（ISO）制定的ISO 9000系列标准规定了追溯的定义和物品识别与记录。ISO 9001标准将追溯列入审核内容。ISO 8402:1994给出了追溯权威定义，即"通过记录的信息方式追溯一个实体历史、应用或位置的能力"。

供应链追溯
- ISO 22005:2007 饲料和食品链的可追溯性 体系设计与实施的通用原则和基本要求
- ISO 12875:2011 长须鲸的可追溯性-捕获长须鲸分布链中记录信息的规范
- ISO 12877:2011 长须鲸的可追溯性-养殖长须鲸分布链中记录信息的规范
- ISO 18537:2015 甲壳类产品的可追溯性-捕获的甲壳类产品分布链中记录信息的规范
- ISO 16741:2015 甲壳类动物产品的可追溯性-养殖的甲壳类动物产品分布链中记录信息的规范
- ISO 18539:2015 软体动物产品的可追溯性-捕获软体动物产品分布链中记录信息的规范
- ISO 18538:2015 软体动物产品的可追溯性-养殖的软体动物产品分布链中记录信息的规范

器械设备数据
- ISO 17511:2003 体外诊断医疗器械-生物样品定量测定-校准器和控制材料分配值的计量可追溯性
- ISO 18153:2003 体外诊断医疗器械-生物样品定量测定-校准器和控制材料分配酶催化浓度的计量可追溯性
- ISO 12176-4:2003 塑料管材和管件-聚乙烯系统的熔接设备-第4部分：可追溯性编码
- ISO/TS 11356:2011作物保护设备-可追溯性-喷雾参数记录

数据分析测定
- ISO 21849:2006 航空与航天-工业数据-产品标识和可追溯性
- ISO 14111:1997 天然气-可追溯性的分析指南
- ISO 7971-2:2009 谷物-体积密度的测定，每百升质量-第2部分：可追溯性的方法，通过参考测量仪器，以国际标准仪器

信息软件
- ISO/IEC 18014-4:2015 信息技术-安全技术-时间标记服务-第4部分：时间源的可追溯性
- ISO/IEC 15944-9:2015 信息技术-商务运作视图-第9部分：用于承诺交换的交易业务可追溯性框架
- ISO/IEC 26559:2017 软件和系统工程-软件和系统产品线中可变性可追溯性的方法和工具

具体品类
- ISO 34101-1 可持续和可追溯的可可-第1部分：可持续性管理系统的需求
- ISO 34101-2 可持续和可追溯的可可-第2部分：性能的要求（经济、社会和环境相关）
- ISO 34101-3 可持续和可追溯的可可-第3部分:可追溯性要求
- ISO/DIS 34101-4.2 可持续和可追溯的可可-第4部分:认证要求

图3-2   ISO追溯相关标准

④ISO 22000:2005《食品安全管理体系—食品链上所有组织的要求》，规定组织应建立且实施可追溯性系统，以确保能够识别产品批次及其与原料批次、生产和交付记录的关系；可追溯性系统应能够识别直接供方的进料和最终产品首次分销途径；应按规定的时间间隔保持可追溯性记录，足以进行体系评价，使潜在不安全产品如果发生撤回时能够进行处置。可追溯性记录应符合法律法规要求、顾客要求，例如可以是基于产品的批次标识。该标准已成为国际上食品安全管理重要标准之一，被各国的国家标准所引用，已在全世界广泛应用。

⑤ISO 22005:2007《饲料和食品链的可追溯性—体系设计与实施的通用原则和基本要求》，为策划和执行食品可追溯系统建立了统一的原则和要求，对食品供给链的每一步包括原料的流通途经，产品的追踪以及供货商、客户等的信息提供等都作了规定。这一标准的建立，为减少各国之间的进出口贸易障碍提供了有力保障。

⑥国际物品编码协会（GS1）已出台了一系列基于全球统一标识系统的追溯指南，并于2007年发布了GS1全球追溯标准，覆盖范围较全，包括贸易法、单品和事件的标识；产品标签和/或标记；捕获和采集的数据类型和属性；文档与数据存储在内的纪录保持；信息共享和通信；链路标识与管理；信息的获得与搜索。

2．欧盟

（1）食品

20世纪90年代，欧盟为应对陆续爆发的农产品安全事故，特别是疯牛病危机，开始引入可追溯制度，逐步开启了农产品质量安全追溯体系建设。

欧盟农产品质量安全标准体系突出了对农产品全链条的管理与控制，同时也兼顾了环境保护与可持续发展，其基本框架如图3-3所示。欧盟农产品质量安全标准体系内容涵盖饲料安全、农药（兽药）残留、疫病防疫等质量安全源头控制，同时也对产品包装、仓储等运输流通环节进行了规范管理。此外，体系还设定农产品的进口标准，尤其是畜禽类鲜活农产品的进口必须达到严格的质量标准，包括产地标识、质量认证等追溯信息。

在标准体系框架下，《良好追溯流程》（GTP）等相关追溯标准开始在欧盟范围内被推广实施。GTP将追溯过程分解为企业内部追溯与企业间追溯（外部追溯）两大部分，并对追溯过程中的信息导入、追溯单元和标识代码等进行了规范，详细定义供应链中追溯信息获取和交换格式。同时，GTP也兼容国际通行的GS1追溯标准。

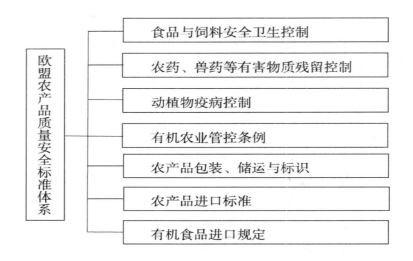

图3-3　欧盟农产品质量安全标准体系

　　农产品质量安全追溯体系建设离不开信息化技术的支撑，欧盟较早进行了相关追溯技术的研发与应用。欧盟于2002年开始实施一项名为"促进欧盟可追溯性卓越研究"（PETER）的庞大研究计划。"促进欧盟可追溯性卓越研究"计划包括9个关键子计划（Trace、Co-Extra、Seafood-plus、GTIS CAP、GeoTraceAgri、DNA-Track、Oliv-Track、AlcueFood、Food Trace），它们分别从追溯流程、基因与非基因产品管理、水产品、地理信息技术、DNA技术应用等多个领域方向开展重点攻关研究。

　　目前，欧盟普遍采用的是物流信息标识和条码标识系统，即EAN/UCC系统。系统组成包括：编码体系（如贸易项目、物流单元等标识代码）、数据载体（如条码和无线射频标识）和数据交换，从而实现从源头原材料生产记录，到产品生产供应各环节的信息进行传递与管理，再到销售全过程的信息监控。该系统可以记录农业生产过程中地块农药、肥料施用情况，对生产供应各环节的信息进行传递与管理，从而实现了对农产品生产全过程的信息监控。见图3-4。

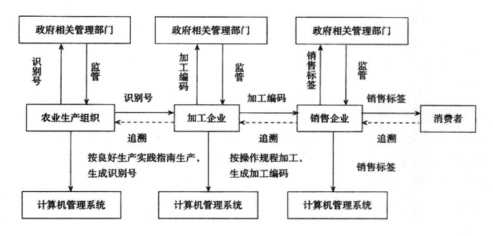

图3-4　欧盟农产品追溯体系流程

欧盟对食品生产的安全控制涵盖了整个食物链，欧盟要求食品企业都必须建立可追溯体系，所有食品生产、销售等企业都要被强制进行食品安全可追溯。整个食品链的生产、加工、销售等各环节都要可追溯：一是每个食品企业都建立了能够识别问题食品出自哪个班组或个人的可追溯程序；二是每个食品经销商都建立了与其相关的食品企业的可追溯程序；三是建立了食品可追溯识别的文件管理体系。每个食品生产企业或经销商都须了解食品前一阶段和后一阶段的生产销售过程（即对食品的跟踪和溯源），对整个食物链进行监控。监管机构如发现食品有安全问题，可以通过查看记录了解哪个环节出了问题。

欧盟建有食品安全快速预警网络系统（RASFF），该系统与欧盟各成员国的食品安全主管机构连接，使欧盟及各成员国之间可以交换有关食品安全方面的信息，该系统可以对欧盟的食品安全进行监控，一星期通报一次信息并发布一次预警。一旦欧盟各成员国出现问题食品，几分钟之内，问题食品的信息就会通过快速预警网络系统通报到欧盟各成员国，实现了食品从原料到生产再到销售和售后安全反馈等全部环节的无缝隙衔接。欧盟相关成员国在得到问题食品的信息后会立即销毁问题食品或立即通过可追溯机制强制召回。从2014年开始，欧盟建立专门的RASFF门户网站，向消费者提供食品召回和公众健康警告信息；还创建了RASFF数据库，为世界其他地区消费者、运营商以及政府部门提供公开的信息服务。

（2）药品

起初，欧洲多国各自的药品电子监管系统并没有一个统一的编码标准。其中，英国以及许多中欧、东欧国家采用的是国际公认的EAN代码，该代码由各国的GS1分部机构管理；包括瑞士在内的多数北欧国家则使用由北欧物品编码局(Nordic article number office）统一管理的Nordisk Vare码；另一些欧洲国家则构建了本国独有的编码结构。此外，各国要求的编码放置方式也不尽相同，使一些药品生产企业为符合欧洲各国的编码要求，不得不在其药品包装上粘贴或印刷6～7种不同的药品编码，这大大增加了制造成本并加大了追溯难度。

因此，欧洲制药工业协会联合会(European Federation of Pharmaceutical Industries and Associations，EFPIA）于2006年2月联合药品供应链中各利益相关集团，着手建立一套在欧洲范围内通行的药品电子监管系统，即欧洲药品验证系统(European Medicines Verification System，EMVS）。基于成本-效益最大化的理念，EMVS选择国际通用的二维矩阵码(2D Data Matrix Code）作为其信息载体，采用"配药点验证"(Point-of-Dispense Verification）的运行方法，由药品供应系统中的各利益相关者共同管理。

欧盟于2008年9月成立了专门的EMVS系统指导委员会。该委员会由欧洲制药工业协会联合会(EFPIA）、欧洲药房联盟(PGEU）和欧洲药品批发企业联盟(GIRP）作为正式成员，欧洲仿制药商联盟(EGA）作为观察员，4个机构共同组成。各机构分别代表原研药商、药房、药品批发企业和仿制药商的利益，共同对EMVS的推行事宜进行指导和决策。

相对均衡的机构设置，有效平衡了各大集团的利益，有利于药品电子监管制度的积极推行。此外，在EMVS指导委员会的指导和协助下，欧盟还将建立欧洲药品验证组织(European Medicines Verification Organization，EMVO）。该组织的主要任务是建立和管理欧洲药品编码中心(the European hub）。欧洲药品编码中心是药品生产商和平行进口商的数据传输门户，欧盟境内所有生产商和平行进口商统一通过该中心上传或验证药品信息;其下接若干国家系统或国家蓝图系统。

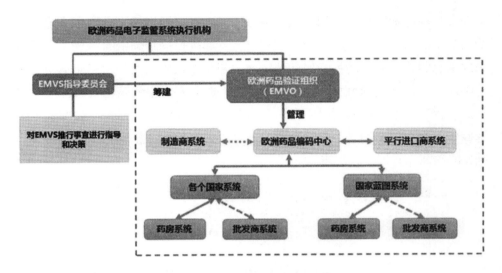

图3-5 欧洲药品电子监管系统机构架构

欧洲药品电子监管系统利用二维码对单盒药品进行赋码，采用"配药点验证"模式，通过强制实行发药前监管码信息验证，以实现对药品的安全监管及流向追溯。药品生产商必须在药品出厂前将储存药品信息的二维码印在每盒药品的次级包装上，即与药物直接接触的包装组件上。

根据《欧洲药品包装编码指南》（European pack coding guidelines specification），二维码编码结构必须符合GS1标准，并包含下列药品信息：该药品的GTIN、药品序列号、药品过期日和药品批次。其中，药品序列号是电子监管系统识别药品的重要标识，要求互不重复。为防止造假者按规律推算药品序列号，其生成过程完全随机，且须在药品超过保质期7年后其序列号才能被重复使用。赋码完成后，生产商需要通过扫码完成药品与序列号的相互关联，并将编码信息发送至欧洲药品编码中心数据库。

药品供应链中的其他参与者（如批发商）在取得系统认可后，可自愿在任何时候通过扫描药品包装上的二维码发出验证请求，以确认药品信息。

以医院药房和零售药店为主的药品销售商在追溯系统中扮演着十分重要的角色。《欧洲药品验证系统实施阶段信息传输要求》（European medicines verification system–implementation phase：request for information）规定，药剂师在发售药品前，须先扫描药品包装上的二维码。经扫描，系统会将检测到的药品信息与中心数据库中的信息相对比。如果扫描到码中的信息与数据库中的信息相符，并且满足其他标准（如"药品在保质期内""药品不在召回范围内"），药剂师可将药品发售给患者，此数据库中的药品状态自动改为"已发售"。如果扫描到码中的信息与数据库中的信息不相符（如显示"数据库中不存在该序列号"）或者该序列号所代表的药品状态为"已发售"，则说明该药品有可能是假药。

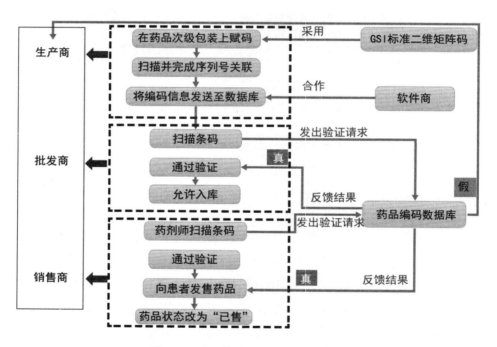

图3-6 欧洲药品验证系统运行模式

3．美国

（1）食品

美国对于农产品的生产加工以及储运等环节进行了详细严格的规定，美国农产品安全标准控制体系的特点是从国家、行业以及企业三个层次进行了规定。国家标准规定了美国农产品质量安全的最低标准，各行业还会建立行业详细标准，例如果蔬、畜禽产品的具体标准由行业协会组织进行制定。此外，部分企业还会根据市场需求和企业条件制定具体标准。美国多层次的农产品质量安全标准体系最大限度地实现了对农产品质量安全的控制与规范（见图3-7）。

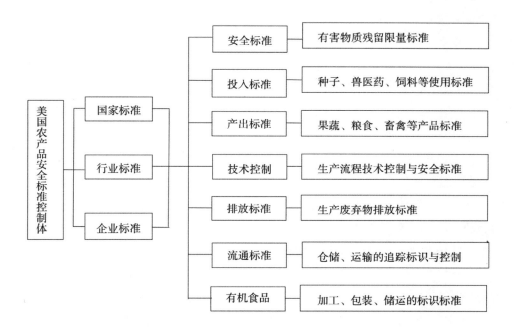

图3-7　美国农产品质量安全标准体系

　　美国农产品质量安全追溯标准，涉及农产品生产、包装加工和运输销售三个环节，每个环节的追溯要求是通过不同的规程和制度来体现的。在农产品生产环节，通过推行良好农业规范（GAP）管理体系实现对农产品生产全过程的质量管理，同时在种子处理、土壤消毒、栽培方式、灌溉施肥、施药收获等环节获取追溯所要求的关键信息。

　　在农产品包装加工环节，要求所有包装加工企业必须建立追溯制度，包括前追溯制度(Identify the Immediate Previous Source,IPS）和后追溯制度(Identify the Immediate Subsequent Recipient,ISR）。前追溯制度是要求加工包装企业要对产品加工包装信息进行记录，后追溯制度是要求产品接受企业要对接受产品的信息进行记录，并利用条码标识技术将追溯信息与产品批次准确对应。

在农产品运输销售环节，通过实行良好生产操作规范（GMP）管理体系、危害分析及关键点控制（HACCP）认证制度，要求运输企业、批发商和零售商之间通过各自建立相应的承接产品信息记录，实现农产品可追溯。

美国对农产品生产、运输、销售过程中承担不同角色的企业，都要求做好信息记录和交换的要求，形成了美国农产品追溯制度的完整链。任何一个生产环节如出了问题，都可追溯到上一个环节，切实保证了产品的可追溯性。

美国完备的农产品物流追溯体系（见图3-8）主要由国家食品与药品监督管理局、农业部、农业生产组织、加工企业、运输企业、销售企业、消费者组成。其中，国家食品药品监督管理局和农业部主要起到监管作用。农产品运出农业生产组织后，需打上识别条形码，通过实行良好农业操作规范（GAP）管理体系，到达加工企业；加工农产品打上加工条形码后，通过实行良好的生产操作规范（GMP）管理体系、危害分析及关键点控制（HAC-CP）认证制度，到达运输及销售企业；运输及销售企业为运销的农产品打上销售标签，严格实行HACCP认证制度，将产品供应给消费者；消费者购买农产品后，可以通过销售标签对农产品进行层层追溯。同时，通过信息管理系统，可以查到农业生产组织情况、加工企业和运输物流情况、销售企业地理位置、进货时间等每个环节的详尽信息。如此一来，通过完备、循环、透明的物流追溯网络，实现了农产品可查、可管、可控，大大提高了农产品质量安全系数。

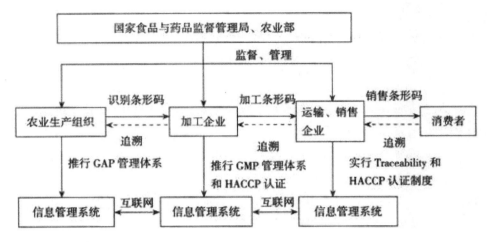

图3-8　美国农产品物流追溯体系流程图

　　美国经济发达，食品产业经营规模较大，有可追溯所需的基本信息基础，消费者普遍对食品安全可追溯有需求并有能力接受食品因可追溯而提高的价格，可追溯基础条件较好。美国的行业协会和企业建立了自愿性可追溯系统，由70多个协会和100余名畜牧兽医专业人员组成了家畜开发标识小组（USAIP），共同参与制订家畜标识与可追溯工作计划，其目的是在发现外来疫病时，能够在48小时内确定所有与其有直接接触的企业。

　　美国农产品/食品的物流追溯主要从农业生产、包装加工和运输销售三大主要环节进行控制和管理，通过产品供应商（运输企业除外）建立的前追溯制度和后追溯制度形成完整的可追溯链条，运输和销售过程实行食品供应可追溯制度和（HACCP）认证制度，运输企业主要负责将供应商后追溯信息转给批发商或零售商。

　　2009年，美国政府建立了国家动物识别系统（包括动物标识、信息跟踪及养殖场注册），使动物饲养、屠宰加工、运输、销售等过程的管理可追溯。动物识别系统有三个核心环节，分别是养殖场的注册、动物信息标识、信息流通管理。养殖场通过申请注册获得养殖编号；动物识别系统有关机构将动物识别标志发放给养殖场，食品的生产加工和流转过程中的所有信息都要通过识别标签记录，并最终上传到可追溯系统中的数据库。

（2）药品

2011年2月，美国食品药品监督管理局（FDA）召开了关于处方药跟踪与追溯系统的公众研讨会，会中介绍了应用于处方药跟踪与追溯系统的标准化数码标识（Standardized numerical identification，SNI），描述了处方药跟踪与追溯系统所应具备的特性，以及此系统如何在药品供应链中应用。SNI是一套序列化的国家药品编码（Serialized national drug code，SNDC）。SNDC由美国《联邦规章典集》第21篇207部分阐述的"国家药品编码"（National drug code，NDC）组成，是一组独有的序列号，由标签编码、药品编码、包装编码共10个字符组成。NDC由每个独立包装的生产商或分装商生成，可保证一物一码，并以条形码的形式印刷在药品包装上。

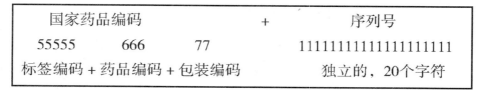

国家药品编码			+	序列号
55555	666	77		11111111111111111111
标签编码 + 药品编码 + 包装编码				独立的，20个字符

图3-9　美国药品编码示例

大多数的处方药包装已有NDC，NDC的标签编码包含生产商与分销商信息，药品编码包含药品特性、剂型、配置等信息，包装编码包含药品包装尺寸与类型信息。在NDC的基础上加上一组不超过20个字符的数字序列所形成的SNDC（SNI），SNI链接到包含药品批号、有效期、分销信息以及其他有关药品标识的数据库，这样便能作为识别处方药包装的方法，以满足药品供应链的需求，进而有助于验证、跟踪与追溯这些药品。SNI允许制造商或分包商为每个药品包装分配序列号，用以与NDC组合形成独有标识，并且能够支持数以亿计上市药品的SNI不重复。

据FDA介绍，SNDC可与全球贸易项目代码（Global trade item number，GTIN）实现兼容，可创造出一个序列化的全球贸易项目代码（SGTIN）。生产商通过使用序列化软件序列化NDC，自动生成SNDC（SNI），然后运用存储追踪与追溯信息的数据软件，记录SNI与药品信息，并通过数据载体技术（RFID、二维条码等）将药品容器包装上的SNI与存储追踪和追溯信息数据库中的药品信息进行链接。

一级分销商通过标签扫描器扫描SNI标签和运用可追溯与验证软件跟踪药品，验证SNI与供应链参与者合法与否，记录SNI与交易信息。分包装商要打开容器单独销售每盒药品，其不但要确保每盒药品都有合适的标签，同时还要确保每盒药品新包装上必须有一个独立的SNI。

当单盒药品到达二级分销商时，其执行程序与一级分销商类似。当单盒药品到达药房时，药房工作人员也要进行与一、二级分销商类似的工作。

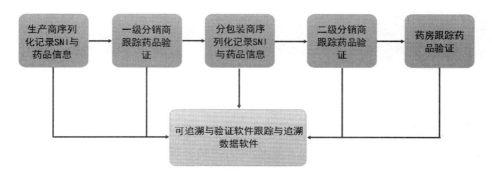

图3-10 美国处方药跟踪与追溯系统的运行体系

4．日本

（1）食品

日本农产品质量安全的控制内容涉及为各类生鲜农产品、加工农产品、有机农产品和转基因食品设定的详细标准与标识制度，并且在标准制定、修订、废除以及产品的认证、监督管理等方面设立了制度体系和组织制度（见图3-11）。

日本农产品质量安全控制管理过程的一个突出特点在于：除了政府发挥主导作用外，农协等社会组织也发挥了独特的作用。农协组织一方面可以在工作中发挥民众对农产品生产质量的监督作用，另一方面在制度推行和技术推广方面也提供了技术支持和人力支撑。例如，在日本推行农产品"生产履历制度"过程中，农协就充分发挥了技术推广传播的功能，并提供了大量的人力支持，使得产品有了追溯标准依据。

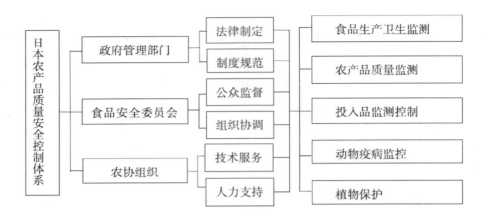

图3-11　日本农产品质量安全标准体系

　　日本农产品物流追溯体系建设最核心的内容是对农产品从生产到销售的整条供应链中各环节（生产、加工、储存、运输、销售等）的各种相关信息进行记录和存储，并在产品出现质量问题时，可以通过一定的信息技术手段，对整条信息链进行逆向追溯，快速查出质量问题的根源，并进行及时有效的处理。

　　日本作为亚洲的发达国家具有一定的代表性，由于其资源匮乏的特殊国情，日本发展现代农业以家庭经营为主、农民兼业化为辅。为了占有国际市场份额，受国际、国内的影响，日本自2001年开始推动农产品与动物性食品的追溯系统，并于2003年开始对牛肉制品实施可追溯，在 2005 年对通过全国农协上市的肉类、家禽、蔬菜等所有农产品实施可追溯，并建立相关的数据库。日本农协要求各地农户在生产过程中都必须严格记录各类农产品生产信息，主要包括生产者和销售者、使用农药及其用药次数、收获及出售时间等信息，然后将数据整理成数据库，并对每种农产品制定相应"身份证"，建立消费者终端查询，形成了适合企业本身发展的农产品质量可追溯体系。日本通过对进入本土市场的农产品严格把关，运用相对成熟的法律法规规范农产品市场，一定程度上保障了日本农产品的质量安全和可追溯性。日本农产品物流追溯体系的运作模式，见图3-12。

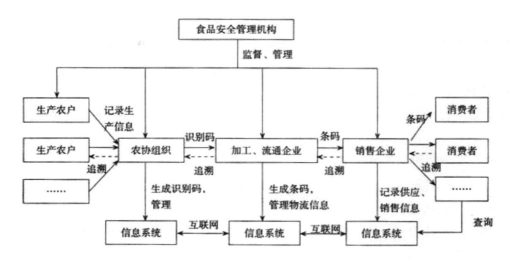

图3-12   日本农产品物流追溯体系流程

日本的食品产业生产与经营的规模较大且产业链较为稳定，有数据库系统、数据传输系统等软件和输入、输出设备等可追溯建设需要的信息基础，可追溯基础条件较好。

2002年，农林水产省召集相关专家商讨制定统一的操作标准，用于指导食品生产经营企业建立食品可追溯制度，并于2003年4月公布了《食品可追溯指南》。该《指南》后来又经过2007年和2010年2次修订和完善。《指南》明确了食品可追溯的定义和建立不同产品的可追溯系统的基本要求，规定了农产品生产和食品加工、流通企业建立食品可追溯系统应当注意的事项。之后，农林水产省还根据《指南》制定了不同产品如蔬菜、水果、鸡蛋、贝类、养殖鱼、海苔、鸡肉、猪肉等的可追溯系统以及生产、加工、流通不同阶段的操作指南。根据这些产品指南，利用条码、ID标签、互联网等IT技术，全国各地的农产品生产和食品加工、流通企业纷纷建立了适合自身特点的食品可追溯系统。

对于其他自主建立食品可追溯制度的产品，鉴于食品生产经营者在技术或者经济上面临的实际困难，对于构成食品供应链的各阶段，经营者可以根据实际情况分阶段逐步实施。对处于食品供应链不同阶段的食品，对进货来源、销售去向进行记录和保管，对记录食品及其所在流通渠道和位置的信息进行跟踪和追溯，最后扩大至对整个食品供应链的可追溯。

各类自主开发的食品可追溯制度的典型代表便是农协系统推出的"全农放心系统"（见图3-13）。"全农放心系统"是以经由农协系统销售的所有农产品及加工食品为对象，以缩小生产者与消费者之间的距离以及保障国产农产品的生产和消费为主要目的，通过引入检查认证制度，对农产品的生产、加工、流通全过程进行跟踪与追溯的食品可追溯制度。主要由生产、加工、流通阶段的信息管理、检查认证和信息公开三部分内容组成。

信息管理主要是记录并保存生产、加工、流通阶段的作业数据并进行管理。检查认证是为了保证生产、加工、流通信息的客观公正性，采用类似有机产品认证的方法进行检查和认证。信息公开是指通过互联网、零售点的宣传广告、食品包装标识等媒体向消费者提供有关食品生产、加工、流通情况的信息。

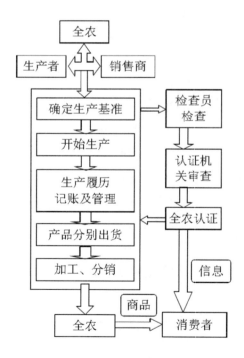

图3-13　日本"全农放心系统"结构

（2）药品

日本现行《药品上市后安全监管质量管理规范》（Good Vigilance Practice，GVP）对药品上市后的安全管理建立了一系列标准，涉及药品合理使用信息的收集、准备和研究等，以及安全保障措施的实施。GVP 中提及药品安全管理信息的收集、基于安全管理信息监测的结果起草安全保障措施、安全保障措施的实施等内容。日本现已有成熟的食品安全追溯系统，可极大程度防止食品事故发生，并具备向消费者提供食品的产地、生产加工和物流等信息查询的能力。当食品事故发生后，可以通过流通渠道记录迅速地回收同批食品，查究事故原因，调整现有流通渠道，让食品绕过有问题的节点继续流通，确保其他食品流通渠道的安全，以最大程度地减少危害扩大。未来，日本有可能将食品追溯技术与药品安全监管相结合，形成药品独有的追溯体系。

二、我国重要产品追溯标准化建设的相关政策

标准化作为国家一项基础性制度，是国家治理体系和经济社会发展的重要技术基础。标准是人类文明进步的成果，标准化在便利经贸往来、支撑产业发展、促进科技进步、规范社会治理中的作用日益凸显，是产业核心竞争力的基本要素，是实施创新驱动发展战略的重要内容。及时总结提炼适用性强、适宜推广的技术要点，规范追溯相关准则和依据，制定标准并组织实施，有利于进一步统一追溯体系建设要求，对于实现追溯体系建设可持续发展具有重要意义，事关重要产品追溯产业有序健康发展的全局。因此，国家陆续出台相关政策文件加强重要产品追溯标准化工作指导和统筹协调，有序推进重要产品追溯体系建设。

近年来，各部门出于追溯体系建设需要，分别制定了一批行业应用标准，有效推进了重要产品追溯体系标准化建设。国家标准委相继发布了《农产品追溯要求　果蔬》《饲料和食品链的可追溯性　体系设计与实施的通用原则和基本要求》和《商品条码　零售商品编码与条码表示》等标准。针对肉类蔬菜、中药材、酒类产品等流通领域追溯体系建设，商务部出台了《全

国肉类蔬菜流通追溯体系建设规范（试行）》《肉类蔬菜流通追溯体系编码规则》《国家中药材流通追溯体系建设规范》《国家中药材流通追溯体系技术管理要求》《基于射频识别的瓶装酒追溯与防伪标签技术要求》等相关技术标准。针对爆炸物品追溯体系建设，公安部发布了《民用爆炸物品管理信息系统数据项》《民用爆炸物品书证信息编码规则》和《民用爆炸物品管理信息系统代码》等三项公共安全行业标准。针对婴幼儿配方乳粉行业追溯体系建设，工业和信息化部发布了《婴幼儿配方乳粉行业产品质量安全追溯体系规范》行业标准。此外，有关部门出台了相关规定，将追溯要求纳入了有机产品认证、危害分析与关键控制点体系(HACCP)认证和强制性产品认证等认证体系，完善了产品追溯相关要求。

1. 纲领性文件

2015年12月，国务院办公厅于印发的《关于加快推进重要产品追溯体系建设的意见》（国办发〔2015〕95号）提出："统一标准，互联互通，完善标准规范。结合追溯体系建设实际需要，科学规划食用农产品、食品、药品、农业生产资料、特种设备、危险品、稀土产品追溯标准体系。针对不同产品生产流通特性，制订相应的建设规范，明确基本要求，采用简便适用的追溯方式。以确保不同环节信息互联互通、产品全过程通查通识为目标，抓紧制定实施一批关键共性标准，统一数据采集指标、传输格式、接口规范及编码规则。加强标准制定工作统筹，确保不同层级、不同类别的标准相协调。"

2. 工作方案

为贯彻国务院办公厅《关于加快推进重要产品追溯体系建设的意见》（国办发〔2015〕95号），科学规划和协调指导重要产品追溯标准化工作，2016年8月26日，国家标准委办公室、商务部办公厅印发了《国家重要产品追溯标准化工作方案》（标委办农联〔2016〕124号），细化了具体工作实施方案，提出了工作目标、工作原则、重点任务、进度安排、组织机构和工作要求。

该工作方案要求全面落实国务院办公厅《关于加快推进重要产品追溯体

系建设的意见》（国办发〔2015〕95号）提出的重要产品追溯标准化工作任务要求，基于重点行业、重要产业追溯体系建设现状和发展需求，加强追溯标准体系顶层设计的组织和协调，科学规划重要标准制修订工作，统筹考虑追溯模式和技术创新，总结提炼追溯标准化建设规范和核心技术；通过研制和实施一批基础共性标准，进一步规范全国追溯数据统一共享交换，实现产品全过程通查通识、各环节信息互联互通，标准化支撑重要产品追溯体系建设的作用显著增强。

　　该工作方案提出了"统筹规划，分类施策""多方参与，协同推进""自主可控，急用先行""开放共享，协调一致""国际接轨，深化合作"五大工作原则以及"加强追溯标准化基础研究""制定重要产品追溯标准化工作指导意见""建立和完善重要产品追溯标准体系""研制一批重要产品追溯基础共性标准""探索开展重要产品追溯标准化试点示范""开展标准实施信息反馈和实施后评估"六大重点任务。

　　该工作方案细化了进度安排，确定了时间节点，并成立了追溯标准化工作推进组和专家组，为统筹推进重要产品追溯标准化工作提供了组织保障和智库支持（见图3-14）。

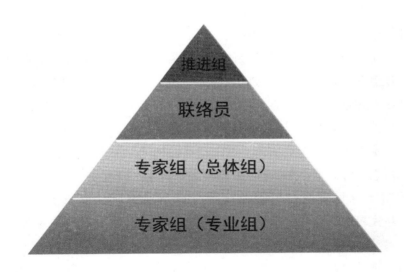

图3-14　组织架构

3.指导方针

2017年9月27日，国家质检总局、商务部、中央网信办、发展改革委、工业和信息化部、公安部、农业部、卫生计生委、安全监管总局、食品药品监管总局等十部门共同组织制定发布了《关于开展重要产品追溯标准化工作的指导意见》（国质检标联〔2017〕419号），明确了重要产品追溯标准化工作的指导思想、基本原则、主要目标和任务、工作对象和保障措施，为全面开展重要产品追溯标准化工作提供了全面科学的政策支持。

该指导意见要求充分认识重要产品追溯标准化工作重要性。重要产品追溯标准化是一项战略性、基础性、全局性的工作，要切实提高对重要产品追溯标准化工作必要性和重要性的认识，明确目标，突出重点，采取有效措施，运用好标准化手段，推进重要产品追溯体系建设。围绕追溯信息链条和责任追究链条，完善相关标准体系，增进产品信息透明度，保障各方知情权，提高产品质量管理水平，提振消费信心，推动建立统一开放、竞争有序的市场体系。

指导思想为全面贯彻党的十八大和十八届三中、四中、五中、六中全会精神，深入贯彻习近平总书记系列重要讲话精神和治国理政新理念新思想新战略，落实国务院深化标准化工作改革方案措施要求，牢固树立新发展理念，以服务和支撑重要产品追溯体系建设为主线，积极实施标准化战略，发挥标准规制和引领作用，形成国家标准、行业标准为主体，地方标准、团体标准和企业标准为补充，强制性标准和推荐性标准协同配合的标准体系。围绕食用农产品、食品、药品、农业生产资料、特种设备、危险品、稀土产品等重要产品，抓紧制定和实施一批关键共性标准，逐步建立结构合理、相互配套、行之有效的重要产品追溯标准体系。

该指导意见确定了"统筹规划，分类实施""多方参与，协同推进""自主可控，急用先行""统一要求，衔接互补""国际接轨，深化合作"五大基本原则。

该指导意见确立了到2020年，标准化支撑重要产品追溯体系建设的作用明显增强，基本建成国家、行业、地方、团体和企业标准相互协同、覆盖全面、重点突出、结构合理的重要产品追溯标准体系；一批关键共性标准得以制定实施，追溯体系建设基本要求得到规范统一，全社会追溯标准化意识显著提高；追溯标准实施效果评价和反馈机制初步建立，有效开展重要产品追溯标准化试点示范，发挥辐射、带动和引领作用，实现标准化的经济效益和社会效益的主要目标。

该指导意见明确了六个方面主要任务。一是开展重要产品追溯标准化基础研究，二是统筹规划重要产品追溯标准体系，三是研制重要产品追溯基础共性标准，四是探索重要产品追溯标准化试点示范，五是抓好重要产品追溯标准的推广应用，六是做好重要产品追溯标准实施信息反馈和评估，为重要产品追溯体系建设提供标准化支撑。

该指导意见提出重要产品追溯标准制定应遵循覆盖面广、实用性强的原则，围绕风险性突出、借鉴性强、需求量大的"食用农产品""食品""药品""农业生产资料""特种设备""危险品""稀土产品"七大类重要产品开展标准编制和实施工作。

该指导意见指出要在加强组织领导、完善工作机制、建设人才队伍、推动国际接轨、加强宣传引导等方面采取强化保障措施，保障重要产品追溯标准化工作的顺利开展。

三、我国已发布的重要产品追溯标准

《中华人民共和国标准化法》规定："标准（含标准样品），是指农业、工业、服务业以及社会事业等领域需要统一的技术要求。标准包括国家标准、行业标准、地方标准、团体标准和企业标准。"目前我国已经发布的重要产品追溯标准国家标准、行业标准、地方标准和团体标准共计130余项，初步建立了涵盖国家标准、行业标准、地方标准、团体标准等不同层级标准，覆盖食用农产品、食品、药品等不同产品类别以及生产、储运、销售等不同环节，有效支撑了我国重要产品追溯体系的发展。

1. 国家标准

国家标准是指对我国经济技术发展有重大意义，必须在全国范围内统一的标准。我国国家标准由国务院标准化行政主管部门编制计划和组织草拟，并统一审批、编号和发布。国家标准在全国范围内适用，其他各级标准不得与国家标准相抵触。截至2018年底，我国发布的重要产品追溯国家标准共有19项，如表3-1所示。现有发布的重要产品追溯国家标准主要集中在食用农产品、食品等领域。

表3-1　已发布的追溯国家标准

序号	标准号	标准名称	发布日期	实施日期	标准主要内容	标准适用范围
1	GB/T 22005-2009	饲料和食品链的可追溯性 体系设计与实施的通用原则和基本要求	2009/09/30	2010/03/01	规定了设计和实施饲料和食品链可追溯体系的原则和基本要求	适用于饲料和食品链中任一阶段的可追溯体系的实施
2	GB/T 25008-2010	饲料和食品链的可追溯性 体系设计与实施指南	2010/09/02	2010/12/01	为饲料和食品链可追溯体系的设计和实施提供指南	适用于按照GB/T 22005-2009建立饲料和食品链可追溯体系的各方组织
3	GB/T 28843-2012	食品冷链物流追溯管理要求	2012/11/05	2012/12/01	规定了食品冷链物流的追溯管理总则以及建立追溯体系、温度信息采集、追溯信息管理和实施追溯的管理要求	适用于预包装食品从生产结束到销售之前的运输、仓储、装卸等冷链物流环节中的追溯管理
4	GB/T 29373-2012	农产品追溯要求 果蔬	2012/12/31	2013/07/01	规定了果蔬供应链可追溯体系的构建和追溯信息的记录要求	适用于果蔬供应链中各组织可追溯体系的设计和实施
5	GB/T 29568-2013	农产品追溯要求 水产品	2013/07/19	2013/12/06	规定了水产品供应链可追溯体系的构建和追溯信息的记录要求	适用于水产品供应链中各组织可追溯体系的设计和实施

续 表

序号	标准号	标准名称	发布日期	实施日期	标准主要内容	标准适用范围
6	GB/T 31575—2015	马铃薯商品薯质量追溯体系的建立与实施规程	2015/05/15	2015/12/27	规定了马铃薯商品薯质量追溯体系建立与实施的目标、原则、基本要求、追溯信息的记录及保障质量追溯体系实施的商品薯包装标识要求及企业内部管理要求	适用于有组织的、规模化种植、运输、贮藏模式下的马铃薯商品薯追溯。不适用于散户种植、贮藏、销售模式及收购后散装混杂销售模式下的马铃薯商品薯追溯
7	GB/T 33915—2017	农产品追溯要求 茶叶	2017/07/12	2018/02/01	规定了茶园管理及茶叶生产、茶叶加工、茶叶流通、茶叶销售各环节的追溯要求	适用于茶叶产品的追溯
8	GB/T 36759—2018	葡萄酒生产追溯实施指南	2018/09/17	2019/04/01	规定了葡萄酒生产过程中可追溯体系建设及信息记录要求	适用于葡萄酒生产企业（含原酒加工企业、加工灌装企业等），葡萄酒生产监管部门、第三方追溯服务提供方等也可参照使用
9	GB/T 37029—2018	食品追溯 信息记录要求	2018/12/28	2019/07/01	规定了工业化生产的预包装、可销售的食品在生产、物流和销售过程中涉及的追溯信息记录要求	适用于食品安全追溯
10	GB/T 36061—2018	电子商务交易产品可追溯性通用规范	2018/03/15	2018/10/01	规定了电子商务交易产品可追溯性的原则、一般追溯流程，对追溯参与方、追溯信息的要求以及实施追溯和召回等	适用于对电子商务交易产品的追溯和管理
11	GB/T 34451—2017	玩具产品质量可追溯性管理要求及指南	2017/10/14	2018/02/01	规定了玩具产品生产过程中的质量可追溯性管理的基本要求和使用指南	适用于各类玩具产品批量生产过程的质量控制和追溯性管理
12	GJB 726A—2004	产品标识和可追溯性要求	2004/09/01	2004/12/01	规定了军工产品的标识和可追溯性的基本要求	适用于军工产品研制、生产过程对产品的标识和追溯。其他产品可参照执行

序号	标准号	标准名称	发布日期	实施日期	标准主要内容	标准适用范围
13	20173618-T-424	重要产品追溯 追溯术语	2019-10-18	2019-10-18	规定了追溯活动中的追溯基础术语、追溯信息术语、追溯技术术语、追溯管理术语和追溯服务术语的定义与解释	适用于与重要产品追溯有关的管理、研究、应用和服务领域。不适用于除烟花爆竹外的消费品追溯领域
14	20182194-T-424	重要产品追溯 产品追溯系统基本要求	2019-10-18	2019-10-18	规定了七大类重要产品追溯体系过程中对各追溯系统的基本要求,以及在基础管理、追溯管理、流程管理、数据采集等方面的基本要求	适用于对重要产品追溯系统的设计、开发、实施、对接、维护。不适用于除烟花爆竹外的消费品追溯领域
15	20182188-T-424	重要产品追溯 追溯管理平台建设规范	2019-10-18	2019-10-18	规定了产品追溯信息管理平台建设的基本要求和内容	适用于对重要产品追溯信息管理平台的设计、开发、实施、对接、维护。不适用于除烟花爆竹外的消费品追溯领域
16	20173617-T-424	重要产品追溯 追溯体系通用要求	2019-10-18	2019-10-18	规定了重要产品追溯体系的组成、建立原则、系统与平台设计、实施、评价、改进等要求的内容	适用于食用农产品、食品、药品、农业生产资料、特种设备、危险品、稀土产品等重要产品追溯体系建设
17	20182195-T-424	重要产品追溯 核心元数据	2019-10-18	2019-10-18	规定了产品追溯领域中产品核心元数据及其表示方法。	适用于产品追溯领域活动中对产品基本信息的分类、编目、发布和查询。不适用于除烟花爆竹外的消费品追溯领域

序号	标准号	标准名称	发布日期	实施日期	标准主要内容	标准适用范围
18	20173619-T-424	重要产品追溯 交易记录格式总体要求	2019-10-18	2019-10-18	规定了可用于产品追溯的上下游企业间交易记录格式总体要求，包括交易主体名称，交易产品的名称、型号、生产批次、数量、计量单位等代码的编码原则、编码规则等	适用于重要产品追溯信息管理系统交易记录相关代码的编写、管理和应用，不适用于除烟花爆竹外的消费品追溯领域
19	20162522-T-469	电子商务交易产品可追溯性通用规范	2018-03-15	2018-10-01	对电子商务产品追溯各参与方构建电子商务产品可追溯体系提出了基本要求，同时对追溯信息内容、追溯信息标识及标识载体方式提出了要求，并给出了编码标识与条码表示示例。此外，本标准给出了追溯流程的构建方法，包括制定方案、确定共用主数据、记录追溯数据、处理追溯请求、实施追溯和召回等步骤	适用于电子商务产品可追溯体系的建立和管理

除已发布的重要产品追溯国家标准外，在研的重要产品追溯国家标准计划30余项（见表3-2）。在这30余项中，其中7项是2018年立项的基础共性且急用的重要产品追溯的国家标准，是重要产品追溯标准体系中的第一批。这7项为：《重要产品追溯追溯术语》《重要产品追溯追溯体系设计通则》《重要产品追溯交易记录格式总体要求》《重要产品追溯产品追溯信息管理平台建设规范》《重要产品追溯核心元数据》《重要产品追溯追溯码编码规范》以及《重要产品追溯产品追溯系统基本要求》。

表3-2　重要产品追溯国家标准计划

序号	项目编号	标准名称	归口单位
1	20182193-T-424	重要产品追溯 追溯码编码规范	中国标准化研究院
2	20081441-T-469	农产品追溯信息系统应用开发指南	中国标准化研究院
3	20081095-T-442	农产品追溯要求 蜂蜜	全国蜂产品标准化工作组
4	20071413-T-469	食品可追溯性通用规范	全国食品质量控制与管理标准化技术委员会
5	20130299-T-469	食品追溯 信息记录要求	全国物流信息管理标准化技术委员会
6	20071413-T-469	食品安全追溯信息规范	全国食品质量控制与管理标准化技术委员会
7	20081441-T-469	食品追溯信息系统开发指南	中国标准化研究院
8	20071412-T-469	食品追溯 信息编码与标识规范	全国食品质量控制与管理标准化技术委员会
9	20071412-T-469	食品安全追溯编码规范	全国食品质量控制与管理标准化技术委员会
10	20171121-T-469	食品追溯二维码通用技术规范	全国食品质量控制与管理标准化技术委员会
11	20131222-T-469	易腐加工食品追溯规范	全国食品质量控制与管理标准化技术委员会
12	20182114-T-469	电子商务交易产品可追溯性评价准则	全国物流信息管理标准化技术委员会
13	20182113-T-469	电子商务交易平台追溯数据接口技术规范	全国物流信息管理标准化技术委员会
14	20182117-T-469	电子商务交易产品可追溯控制点及一致性准则	全国物流信息管理标准化技术委员会
15	20173832-T-469	产品追溯 追溯编码规则和要求	全国信息技术标准化技术委员会
16	20140425-T-322	调味品质量追溯规范	全国调味品标准化技术委员会
17	20072087-T-322	肉与肉制品的射频识别码(RFID)追溯技术要求	全国肉禽蛋制品标准化技术委员会
18	20121528-T-424	牛肉追溯技术规程	中国标准化研究院
19	20080433-T-469	饲料的可追溯性-体系设计实施通则及基本要求	全国饲料工业标准化技术委员会（已终止）
20	20171749-T-469	特种设备追溯系统数据元	全国物品编码标准化技术委员会
31	20184294-T-469	国际贸易业务数据规范 货物跟踪与追溯	全国电子业务标准化技术委员会
32	20141125-T-469	追溯二维码技术规范	全国物流信息管理标准化技术委员会

2.行业标准

行业标准是指没有推荐性国家标准、需要在全国某个行业范围内统一的技术要求。行业标准是对国家标准的补充，是在全国范围的某一行业内统一的标准。截至2018年底，我国已发布的重要产品追溯相关行业标准50项，涵盖肉类蔬菜、中药材、酒类产品等重要产品领域，见表3-3。

表3-3 已发布的重要产品追溯行业标准

序号	标准号	标准名称	实施日期
1	NY/T 1431-2007	农产品追溯编码导则	2007/12/01
2	NY/T 1761-2009	农产品质量安全追溯操作规程通则	2009/05/20
3	NY/T 1762-2009	农产品质量安全追溯操作规程水果	2009/05/22
4	NY/T 1763-2009	农产品质量安全追溯操作规程茶叶	2009/05/20
5	NY/T 1764-2009	农产品质量安全追溯操作规程畜肉	2009/05/20
6	NY/T 1765-2009	农产品质量安全追溯操作规程谷物	2009/05/20
7	NY/T 1993-2011	农产品质量安全追溯操作规程蔬菜	2011/12/01
8	NY/T 1994-2011	农产品质量安全追溯操作规程小麦粉及面条	2011/12/01
9	NY/T 2531-2013	农产品质量追溯信息交换接口规范	2014/04/01
10	NY/T 2958-2016	生猪及产品追溯关键指标规范	2017/04/01
11	NY/T 3204-2018	农产品质量安全追溯操作规程 水产品	2018/06/01
12	SB/T 10680-2012	肉类蔬菜流通追溯体系编码规则	2012/06/01
13	SB/T 10681-2012	肉类蔬菜流通追溯体系信息传输技术要求	2012/06/01
14	SB/T 10682-2012	肉类蔬菜流通追溯体系信息感知技术要求	2012/06/01
15	SB/T 10683-2012	肉类蔬菜流通追溯体系管理平台技术要求	2012/06/01
16	SB/T 10684-2012	肉类蔬菜流通追溯体系信息处理技术要求	2012/06/01
17	SB/T 11059-2013	肉类蔬菜流通追溯体系城市管理平台技术要求	2014/12/01
18	SB/T 11124-2015	肉类蔬菜流通追溯零售电子秤通用规范	2015/09/01

序号	标准号	标准名称	实施日期
19	SB/T 11125-2015	肉类蔬菜流通追溯手持读写终端通用规范	2015/09/01
20	SB/T 11126-2015	肉类蔬菜流通追溯批发自助交易终端通用规范	2015/09/01
21	SB/T 10768-2012	基于射频识别的瓶装酒追溯与防伪标签技术要求	2012/12/01
22	SB/T 10769-2012	基于射频识别的瓶装酒追溯与防伪查询服务流程	2012/12/01
23	SB/T 10770-2012	基于射频识别的瓶装酒追溯与防伪读写器技术要求	2012/12/01
24	SB/T 10771-2012	基于射频识别的瓶装酒追溯与防伪应用数据编码	2012/12/01
25	SB/T 10824-2012	速冻食品二维条码识别追溯技术规范	2013/06/01
26	SB/T 11001-2013	基于射频识别的瓶装酒追溯与防伪标签测试规范	2013/11/01
27	SB/T 11002-2013	基于射频识别的瓶装酒追溯与防伪读写器测试规范	2013/11/01
28	SB/T 11003-2013	基于射频识别的瓶装酒追溯与防伪设备互操作测试规范	2013/11/01
29	SB/T 11038-2013	中药材流通追溯体系专用术语规范	2014/06/01
30	SB/T 11039-2013	中药材追溯通用标识规范	2014/06/01
31	SB/T 11060-2013	基于二维条码的瓶装酒追溯与防伪应用规范	2014/12/01
32	SB/T 11074-2013	糖果巧克力及其制品二维条码识别追溯技术要求	2014/12/01
33	SC/T 3043-2014	养殖水产品可追溯标签规程	2014/06/01
34	SC/T 3044-2014	养殖水产品可追溯编码规程	2014/06/01
35	SC/T 3045-2014	养殖水产品可追溯信息采集规程	2014/06/01
36	WB/T 1053-2015	酒类商品物流信息追溯管理要求	2016/02/01
37	YC/T 542-2016	卷烟企业生产过程质量追溯通用原则和基本要求	2016/02/15
38	YC/T 543-2016	卷烟企业生产过程质量追溯信息分类与要求	2016/02/15
39	YD/T 3205-2016	网络电子身份标识eID的审计追溯技术框架	2017/01/01
40	YD/T 3206-2016	网络电子身份标识eID的审计追溯接口技术要求	2017/01/01
41	YY/T 1478-2016	可重复使用医疗器械消毒灭菌的追溯信息	2017/06/01
42	QB/T 5279-2018	食盐安全信息追溯体系规范	2018/09/01

序号	标准号	标准名称	实施日期
43	QB/T 4971-2018	婴幼儿配方乳粉行业产品质量安全追溯体系规范	2018/07/01
44	RB/T 148-2018	有机产品全过程追溯数据规范及符合性评价要求	2018/12/01
45	SN/T 4911.1-2017	出口商品退运追溯调查技术规范 第1部分：通用要求	2018/06/01
46	NMPAB/T 1001—2019	药品信息化追溯体系建设导则	2019/04/19
47	NMPAB/T 1002—2019	药品追溯码编码要求	2019/04/19
48	NMPAB/T 1003—2019	药品追溯系统基本技术要求	2019/08/26
49	NMPAB/T 1004—2019	疫苗追溯基本数据集	2019/08/26
50	NMPAB/T 1005—2019	疫苗追溯数据交换基本技术要求	2019/08/26

3．地方标准

地方标准是指某个地区通过并公开发布的标准。如果没有国家标准和行业标准而又需要满足地方自然条件、风俗习惯等特殊技术要求，可以制定地方标准。地方标准由省、自治区、直辖市人民政府标准化行政主管部门编制计划，组织草拟，统一审批、编号、发布，并报国务院标准化行政主管部门和国务院有关行政主管部门备案。地方标准在本行政区域内适用。

截至2018年底，全国近20个省（自治区、直辖市）发布了80余项追溯地方标准，追溯产品涵盖食用农产品、食品、药品、农业生产资料等多类重要产品，见表3-4。其中，内蒙古自治区发布追溯地方标准达16项，安徽、河北、新疆、江苏等地均发布了超过5项追溯地方标准。

表3-4 已发布的重要产品追溯地方标准

序号	主管地	标准号	标准名称	实施日期
1	上海	DB31/T 1110.1-2018	食品和食用农产品信息追溯第1部分：编码规则	2018/11/01
2	上海	DB31/T 1110.2-2018	食品和食用农产品信息追溯第2部分：数据元	2018/11/01
3	上海	DB31/T 1110.3-2018	食品和食用农产品信息追溯第3部分：数据接口	2018/11/01
4	上海	DB31/T 1110.4-2018	食品和食用农产品信息追溯第4部分：标识物	2018/11/01

续　表

序号	主管地	标准号	标准名称	实施日期
5	天津	DB12/T 401-2008	药用植物产地追溯信息编码和标识规范	2009/03/01
6	天津	DB12/T 565-2015	低温食品冷链物流履历追溯管理规范	2015/07/01
7	河北	DB13/T 1159-2009	农产品质量安全追溯操作规程水产品	2009/11/24
8	河北	DB13/T 1523-2012	果品质量安全追溯系统建设实施指南	2012/04/30
9	河北	DB13/T 2332-2016	农产品质量安全追溯操作规程水产品	2016/07/01
10	河北	DB13/T 2494-2017	农产品质量安全追溯操作规程禽蛋	2017/06/01
11	河北	DB13/T 2495-2017	农产品质量安全追溯操作规程禽肉	2017/06/01
12	河北	DB13/T 2496-2017	农产品质量安全追溯操作规程生乳	2017/06/01
13	河北	DB13/T 2526-2017	食用杂粮质量安全追溯系统建设实施指南	2017/08/01
14	河北	DB13/T 2561-2017	互联网+种业质量追溯技术条件	2017/10/06
15	内蒙古	DB15/T 532-2012	商品条码畜肉追溯编码与条码表示	2013/02/10
16	内蒙古	DB15/T 641-2013	食品安全追溯体系设计与实施通用规范	2014/01/20
17	内蒙古	DB15/T 642-2013	基于射频识别的肉牛育肥环节关键控制点追溯信息采集指南	2014/01/20
18	内蒙古	DB15/T 643-2013	基于射频识别的肉牛屠宰环节关键控制点追溯信息采集指南	2014/01/20
19	内蒙古	DB15/T 644-2013	牛肉物流环节关键控制点追溯信息采集指南	2014/01/20
20	内蒙古	DB15/T 701-2014	产品质量信息追溯体系通用技术要求	2014/10/31
21	内蒙古	DB15/T 863-2015	基于射频识别的畜产品追溯标签技术要求	2015/09/01
22	内蒙古	DB15/T 864-2015	基于射频识别的畜产品追溯读写器技术要求	2015/09/01
23	内蒙古	DB15/T 865-2015	基于射频识别的畜产品追溯数据格式要求	2015/09/01
24	内蒙古	DB15/T 866-2015	基于物联网的畜产品追溯服务流程	2015/09/01
25	内蒙古	DB15/T 867-2015	基于物联网的畜产品追溯应用平台结构	2015/09/01
26	内蒙古	DB15/T 989-2016	商品条码白酒追溯码编码与条码表示	2016/07/30
27	内蒙古	DB15/T 990-2016	商品条码乳粉及婴幼儿配方乳粉追溯码编码与条码表示	2016/07/30
28	内蒙古	DB15/T 991-2016	商品条码食用植物油追溯码编码与条码表示	2016/07/30

序号	主管地	标准号	标准名称	实施日期
29	内蒙古	DB15/T 992—2016	商品条码小麦粉追溯码编码与条码表示	2016/07/30
30	内蒙古	DB15/T 1177—2017	药品冷链物流追溯管理要求	2017/05/25
31	吉林	DB22/T 1651—2012	产地水产品质量追溯操作规程	2013/01/01
32	吉林	DB22/T 1699—2012	猪肉产品追溯信息编码规则	2013/01/01
33	吉林	DB22/T 1936—2013	粮食产品质量安全追溯编码与标识指南	2013/12/31
34	吉林	DB22/T 1937—2013	粮食产品质量安全追溯数据采集规范	2013/12/31
35	吉林	DB22/T 2320—2015	粮食产品追溯标识设计要求	2015/11/01
36	吉林	DB22/T 2321—2015	粮食质量安全追溯系统设计指南	2015/11/01
37	吉林	DB22/T 2638—2017	黑木耳菌种质量可追溯规范	2018/08/12
38	辽宁	DB21/T 2882—2017	肉牛肥育质量安全可追溯技术规程	2017/12/16
39	江苏	DB32/T 2878—2016	水产品质量追溯体系建设及管理规范	2016/03/15
40	江苏	DB32/T 3407—2018	食品安全电子追溯标识解析服务数据接口规范	2018/07/10
41	江苏	DB32/T 3408—2018	食品安全电子追溯生产企业数据上报接口规范	2018/07/10
42	江苏	DB32/T 3409—2018	食品安全电子追溯数据交换接口规范	2018/07/10
43	江苏	DB32/T 3410—2018	食品安全电子追溯数据录服务数据接口规范	2018/07/10
44	江苏	DB32/T 3411—2018	食品安全电子追溯信息查询服务数据接口规范	2018/07/10
45	浙江	DB33/T 984—2015	电子商务商品编码与追溯管理规范	2016/08/16
46	安徽	DB34/T 807—2008	农产品质量安全追溯生产单位代码规范	2008/06/25
47	安徽	DB34/T 1185—2010	农产品追溯要求食用菌	2010/06/28
48	安徽	DB34/T 1639—2012	农产品追溯信息采集规范禽蛋	2012/05/24
49	安徽	DB34/T 1640—2012	农产品追溯信息采集规范粮食	2012/05/24
50	安徽	DB34/T 1683—2012	农资产品追溯信息编码和标识规范	2012/10/21
51	安徽	DB34/T 1685—2012	食品质量追溯标准体系表	2012/10/21
52	安徽	DB34/T 1810—2012	农产品追溯要求通则	2013/01/26

序号	主管地	标准号	标准名称	实施日期
53	安徽	DB34/T 1898-2013	池塘养殖水产品质量安全可追溯管理规范	2013/07/27
54	江西	DB36/T 679-2012	靖安白茶质量安全追溯操作规范	2012/09/01
55	江西	DB36/T 680-2012	赣南脐橙质量安全追溯操作规范	2012/09/01
56	江西	DB36/T 854-2015	猕猴桃质量安全追溯操作规范	2015/12/01
57	福建	DB35/T 1711-2017	食品质量安全追溯码编码技术规范	2018/02/28
58	山东	DB37/T 1804-2011	农产品追溯要求肥城桃	2011/03/01
59	山东	DB37/T 1805-2011	乳制品电子信息追溯系统通用技术要求	2011/03/01
60	河南	DB41/T 1236-2016	电子商务商品编码与追溯	2016/6/18
61	广东	DB44/T 737-2010	罗非鱼产品可追溯规范	2010/07/01
62	广东	DB44/T 910-2011	养殖对虾产品可追溯规范	2011/12/01
63	广东	DB44/T 1267-2013	捕捞对虾产品可追溯技术规范	2014/03/20
64	广东	DB44/T 1566-2015	农作物产品物联网溯源应用框架	2015/06/26
65	广州	DBJ440100/T 42-2009	食品生产溯源系统管理要求	2009/10/01
66	深圳	SZDB/Z 164-2016	基于追溯体系的预包装食品风险评价及供应商信用评价规范	2016/02/01
67	深圳	SZDB/Z 217-2016	食品可追溯控制点及一致性准则	2017/02/01
68	深圳	SZDB/Z 218-2016	食品可追溯一致性认证审核指南	2017/02/01
69	深圳	SZDB/Z 219-2016	食品安全追溯信息记录要求	2017/02/01
70	深圳	SZDB/Z 220-2016	食品安全追溯数据接口规范	2017/02/01
71	广西	DB45/T 1308-2016	花生质量安全追溯操作规程	2016/06/01
72	广西	DB45/T 1334-2016	食品生产企业追溯系统导则	2016/06/30
73	广西	DB45/T 1392-2016	胡萝卜产品质量安全追溯操作规程	2016/10/30
74	广西	DB45/T 1446-2016	早熟温州蜜柑产品质量安全追溯操作规程	2017/01/15
75	海南	DB46/T 269-2013	农产品流通信息追溯系统建设与管理	2014/02/01
76	四川	DB51/T 1169-2010	茶叶追溯要求绿茶	2010/09/01

序号	主管地	标准号	标准名称	实施日期
77	四川	DB51/T 2462-2018	县级农产品质量安全追溯体系建设规范	2018/05/01
78	攀枝花	DB510442/T 023-2010	无公害番茄溯源编码标准	2010/01/01
79	攀枝花	DB510442/T 051-2012	无公害玉米溯源编码标准	2012/02/14
80	攀枝花	DB510442/T 060-2012	二滩鱼溯源编码规范	2012/06/01
81	贵州	DB52/T 620-2010	贵州省茶叶产品信息溯源管理指南	2010/08/18
82	西藏	DB54/T 3675-2014	农产品质量安全信息追溯数据格式规范种植业	2014/12/25
83	新疆	DB65/T 3324-2014	农产品质量安全信息追溯编码及标识规范	2014/12/25
84	新疆	DB65/T 3624-2014	一种用于奶业追溯二维码编码结构规范	2014/07/03
85	新疆	DB65/T 3625-2014	一种用于奶业追溯条形码编码规范	2014/07/03
86	新疆	DB65/T 3673-2014	农产品质量安全信息追溯通用要求	2014/12/25
87	新疆	DB65/T 3674-2014	农产品质量安全信息追溯追溯系统通用技术要求	2014/12/25
88	新疆	DB65/T 3675-2014	农产品质量安全信息追溯数据格式规范种植业	2014/12/25
89	新疆	DB65/T 3676-2014	农产品质量安全信息追溯标签设计要求	2014/12/25

4．团体标准

2015年3月发布的《国务院关于印发深化标准化工作改革方案的通知》（国发〔2015〕13号），提出发挥市场主体作用，培育发展团体标准，供市场自愿选择，增加标准的有效供给。2017年新修订的《中华人民共和国标准化法》确立了团体标准的法律地位，鼓励社会团体协调相关市场主体共同制定满足市场和创新需要的团体标准，由本团体成员约定采用或者按照本团体的规定供社会自愿采用。

在国家政策鼓励下，部分社会团体结合所在行业市场需求，将先进技术和先进经验用于追溯体系建设，发布了追溯团体标准。经初步统计，截至2018年底，各类团体已发布超过18项重要产品追溯团体标准，涉及食用农产品、食品等多个领域，标准列表如表3-5所示。

表3-5　已发布的重要产品追溯团体标准

序号	标准号	标准名称	团体名称	发布日期
1	T/SDAS 9-2016	食用农产品合格供应商通用规范果蔬	山东省标准化协会	2016/12/28
2	T/CAQP 001-2017	汽车零部件质量追溯体系规范	中国质量万里行促进会	2017/08/01
3	T/FSSP 001-2017	熟食集中加工信息化全链条追溯操作规范	佛山市食品行业协会	2017/10/13
4	T/NHBX ZXF 2-2017	南海食品小作坊集中管理小作坊产品追溯系统基本要求	佛山市南海区计量标准化协会	2017/11/08
5	T/CFCA 0001-2018	追溯对象编码规范	中国副食流通协会	2018/05/15
6	T/CFCA 0002-2018	企业产品追溯体系等级评价指标	中国副食流通协会	2018/05/15
7	T/CFCA 0003-2018	餐饮企业食品（食材）流通追溯管理规范	中国副食流通协会	2018/05/15
8	T/CFCA 0004-2018	休闲食品流通追溯管理规范	中国副食流通协会	2018/05/15
9	T/DLQG 2003.2-2018	食品可追溯体系第2部分：信息备案规范	大连市轻工业联合会	2018/09/06
10	T/DLQG 2003.3-2018	食品可追溯体系第3部分：预包装食品证票等级规范	大连市轻工业联合会	2018/09/06
11	T/DLQG 2003.4-2018	食品可追溯体系第4部分：预包装食品风险和供应商信用的评价规范	大连市轻工业联合会	2018/09/06
12	T/DLQG 2003.5-2018	食品可追溯体系第5部分：控制点及一致性规范	大连市轻工业联合会	2018/09/06
13	T/DLQG 2003.6-2018	食品可追溯体系第6部分：认证审核指南	大连市轻工业联合会	2018/09/06
14	T/HZBX 017-2018	冷链物流低温食品履历追溯管理规范	惠州市标准化协会	2018/08/01
15	T/JSLX 001.5-2018	江苏大米第5部分：质量追溯基础信息规范	江苏省粮食行业协会	2018/10/16
16	T/CIIA 002-2018	追溯通用技术要求	中国信息协会	2018/10/18
17	T/CSPSTC 13-2018	禽类产品追溯体系应用指南	中国科技产业化促进会	2018/08/14
18	T/CSPSTC 14-2018	畜类产品追溯体系应用指南	中国科技产业化促进会	2018/08/14

从通用标准和专用标准两大方面进行梳理，通用标准方面，主要研究追溯相关的共性标准，如二维码、一维码等标准；专用标准方面，主要针对食用农产品、食品、药品等七大类重要产品进行独立研究。

5．通用类追溯标准

①《12904-2008 商品条码 零售商品编码与条码表示》是由中华人民共和国国家质量监督检验检疫总局和中国国家标准化管理委员会于1991年发布，代替GB 12904-2003《商品条码》，主要规定了零售商品的编码、条码表示、条码的技术要求和质量判定规则。

②《GB/T 15425-2002 EAN·UCC系统128条码》是由中华人民共和国国家质量监督检验检疫总局于2002年发布，是参照国际物品编码协会（EAN）与美国统一代码委员会（UCC）联合制定的《EAN·UCC通用规范》第5章第3节"UCC/EAN-128条码码制规范"，并结合我国的实际情况对GB/T 15425—1994《贸易单元128条码》进行了修订。本标准在技术内容上符合《EAN·UCC通用规范》的技术要求。本标准是GB/T 18347—2000《128条码》所规定的128条码的子集，在条空组合、字符集等技术内容上与128条码完全一致，但本标准的应用范围仅限于EAN·UCC系统。

③《GB/T 21335-2008 RSS条码》是由中华人民共和国国家质量监督检验检疫总局和中国国家标准化管理委员会于2008年发布，规定了RSS条码符号的结构、数据符编码、尺寸、印制质量要求、校验方法和译码算法。本标准适用于采用RSS条码符号的贸易项目及贸易项目附加信息标识。

④《GB/T 23833-2009 资产编码与条码表示》是由国家标准化管理委员会于2009年发布，规定了资产的编码、条码表示及条码符号技术要求。本标准适用于可回收资产和单个资产的标识、数据自动采集及其信息管理。

⑤《GB/T 23832-2009 服务关系编码与条码表示》是由中华人民共和国国家质量监督检验检疫总局和中国国家标准化管理委员会于2009年发布，规定了服务关系中服务对象的编码、条码表示及条码符号技术要求。本标准适用于服务对象的标识、数据自动采集及服务关系的信息化管理。

⑥《GB/T 18127-2009 物流单元编码与条码表示》是由中华人民共和国国家质量监督检验检疫总局和中国国家标准化管理委员会于2009年发布，规定了物流单的编码、条码表示、物流单标签的技术要求和位置。本标准适用于开放的贸易环境中物流单的标识与数据自动采集。

⑦《GB/T 18283-2008 商品条码　店内条码》是由中华人民共和国国家质量监督检验检疫总局和中国国家标准化管理委员会于2008年发布，替代GB/T 18283-2000，规定了店内条码的编码、条码表示、符号质量评价和条码符号的放置。本标准适用于商店自行加工店内销售的商品和变量零售商品的条码标识。

⑧《GB/T 16828-2007 商品条码　参与方位置编码与条码表示》是由中华人民共和国国家质量监督检验检疫总局和中国国家标准化管理委员会于2007年发布，替代GB/T 16828-1997，规定了参与方位置编码的定义、代码结构、管理和条码符号表示与应用。本标准适用于电子数据交换、自动识别与数据采集等领域。

⑨《GB/T 33993-2017 商品二维码》是由中华人民共和国国家质量监督检验检疫总局和中国国家标准化管理委员会于2017年发布，规定了商品二维码的数据结构、信息服务和符号印制质量要求等技术要求。本标准适用于商品二维码的管理、应用与服务。

⑩《GB/T 16830-2008 商品条码　储运包装商品编码与条码表示》是由中华人民共和国国家质量监督检验检疫总局和中国国家标准化管理委员会于2008年发布，替代GB/T 16830-1997，规定了储运包装商品的术语和定义、编码、条码表示、条码符号尺寸与等级要求及条码符号放置。本标准适用于储运包装商品的条码标识。

⑪《GB/T 19251-2003 贸易项目的编码与符号表示导则》是由国家标准局于2003年发布，规定了贸易项目的编码与符号表示的基本要求。本标准适用于对贸易项目及其属性的标识。

⑫《GB/T 16986-2009 商品条码 应用标识符》是由中华人民共和国国家质量监督检验检疫总局和中国国家标准化管理委员会于2009年发布，替代GB/T 16986-2003，规定了商品条码标识系统中应用标识符的含义及其对应数据编码的结构与条码表示。本标准适用于贸易及供应链过程中的信息交换。

⑬《GB/T 14257-2009 条码符号放置指南》是由中华人民共和国国家质量监督检验检疫总局和中国国家标准化管理委员会于2009年发布，替代GB/T 14257-2002，规定了商品条码符号放置的通则，给出了商品条码符号放置的

指南。本标准适用于商品条码符号位置的设计。

⑭《GB/T26228.1-2010 信息技术　自动识别与数据采集技术　条码检测仪一致性规范　第1部分：一维条码》是由中华人民共和国国家质量监督检验检疫总局和中国国家标准化管理委员会于2010年发布，第1部分规定了对采用综合分级法的一维条码检测仪的一致性要求和测试方法，规定了一致性测试所依据的校准标准器。本部分适用于一维条码检测仪一致性的测试。

⑮《GB/T 19946-2005 包装 用于发货、运输和收货标签的一维条码和二维条码》是由中华人民共和国国家质量监督检验检疫总局和中国家标准化管理委员会于2005年发布，规定了包含一维条码和二维条码的运输单标签设计最低要求；提供了运输单唯一标识符，实现运输单跟踪；规定了标签中一维条碼、二维条码或供人识读字符中的数据表示格式；提供了选择条码码制的建议，规定了条码密度等级和质量要求；提供了对标签放置、大小以及文字和图形的建议；提供了选择标签材料的指南。

⑯《GB/T 33257-2016 条码技术在仓储配送业务中的应用指南》是由中华人民共和国国家质量监督检验检疫总局和中国家标准化管理委员会于2016年发布，本标准给出了条码技术在仓储配送业务中货物、货位、设施设备、参与方位置的编码与条码符号、标签格式及使用方法。本标准适用于仓储及配送业务。

⑰《GB/T31006-2014 自动分拣过程包装物品条码规范》是由中华人民共和国国家质量监督检验检疫总局和中国家标准化管理委员会于2014年发布，规定了用于自动分拣系统的包装物品的编码规则、条码表示、条码质量和位置要求，以及与自动分拣有关的包装箱规格、分拣输送系统等要求。本标准适用于分拣、输送、储存等作业过程中包装箱的自动识别与处理。

⑱《GB/T 35419-2017 物联网标识体系 Ecode在一维条码中的存储》是由中华人民共和国国家质量监督检验检疫总局和中国家标准化管理委员会于2017年发布，规定了Ecode在一维条码中的存储结构。本标准适用于采用一维条码作为数据载体的Ecode-V1、Ecode-V2、Ecode-V3的物联网应用。

⑲《GB/T 18347-2001 128条码》是由国家质量技术监督局于2001年发布，规定了128条码的技术要求，包括了128条码特征、数据字符编码、尺

寸、译码算法、用户需要定义的应用参数以及码制标识符前缀串。本标准适用于各个领域的自动数据采集。

⑳《GB/T 21049-2007 汉信码》是由中华人民共和国国家质量监督检验检疫总局和中国家标准化管理委员会于2007年发布，规定了一种矩阵式二维条码——汉信码的码制以及编译码方法。本标准中对汉信码的符号结构、信息编译码方法、纠错编译码算法、信息排布方法、参考译码算法等内容进行了详细的描述，汉信码可高效表示《GB 18030-2000信息技术 信息交换用汉字编码字符集 基本集的补充》中的汉字信息，并具有数据容量大、抗畸变和抗污能力强、外观美观等特点，在我国各行业得到广泛应用。本标准规定了汉信码符号的符号结构、信息编译码方法、纠错编译码算法、信息排布方法、参考译码算法、符号质量要求等技术内容。本标准适用于自动识别和数据采集。

㉑《GB/T 18284-2000 快速响应矩阵码》是由国家质量技术监督局于2000年发布，规定了快速响应矩阵码（QR Code）符号的编码、符号结构和尺寸特征、纠错规则、参考译码算法、符号质量要求。本标准适用于自动识别和数据采集。

㉒《GB/T 17172-1997 四一七条码》是由国家质量技术监督局于1997年发布，规定了四一七条码的相关定义、结构、尺寸及技术要求。本标准适用于数据采集与自动识别。

㉓《GB/T 12908-2002 信息技术 自动识别和数据采集技术 条码符号规范 三九条码》是由中华人民共和国国家质量监督检验检疫总局于2002年发布，规定了三九条码的技术要求、符号特性、数据字符的编码、译码算法，列出了由应用决定的参数。本标准适用于自动识别与数据采集。

㉔《GB/T 16829-2003 信息技术 自动识别与数据采集技术 条码码制规范 交插二五条码》是由国家标准化管理委员会于2003年发布，规定了交插二五条码的特征、数据字符的编码、尺寸、允许误差、译码算法和应用规定的参数。

㉕《GB/T 36069-2018 商品条码 贸易单元的小面积条码表示》是由中华人民共和国国家质量监督检验检疫总局和中国家标准化管理委员会于2018年

发布，规定了贸易单元的小面积条码（GS1 DataBar条码）符号的结构、数据符编码、尺寸、印制质量要求、校验方法和译码算法。本标准适用于商品小面积标签的贸易项目及附加信息的标识。

㉖《20173618-T-424 重要产品追溯 追溯术语》由国家市场监督管理总局和中国国家标准化管理委员会发布，已于2018年发布征求意见稿。本标准规定了追溯活动中相关术语的定义与解释，包括追溯基础术语、追溯技术术语和追溯管理与服务术语。本标准适用于食用农产品、食品、药品、农业生产资料、特种设备、危险品、稀土产品等重要产品追溯相关的管理、研究、系统研发、应用及服务。

㉗《20141125-T-469 追溯二维码技术规范》由国家标准化管理委员会2014年立项，目前尚未发布。

㉘《20102378-T-469 产品物流追溯系统一致性认证》由国家标准化管理委员会2010年立项，目前尚未发布。

㉙《20102379-T-469 产品物流追溯系统关键控制点与一致性准则》由国家标准化管理委员会2010年立项，目前尚未发布。

㉚《20090301-T-469 物品电子编码 基于射频识别的参与方位置编码规》是由国家标准化管理委员会与2009年立项，尚未发布。

㉛《20090302-T-469 物品电子编码 基于射频识别的贸易项目代码编码规则》是由国家标准化管理委员会于2009年立项，尚未发布。

㉜《20090303-T-469 物品电子编码 基于射频识别的物流单元编码规则》是由国家标准化管理委员会于2009年立项，尚未发布。

㉝《20080464-T-469 电子商务产品与服务分类代码》是由国家标准化管理委员会于2008年立项，尚未发布。

㉞《20090304-T-469 物品电子编码 基于射频识别的资产代码编码规则》是由国家标准化管理委员会于2009年立项，尚未发布。

㉟《20102376-T-469 托盘编码及条码表示》是由国家标准化管理委员会于2010年立项，尚未发布。

6.专用类追溯标准

（1）食用农产品类追溯标准

①《SB/T 10570-2010 片猪肉激光灼刻标识码、印应用规范》是由中华人民共和国商务部于2010年发布，规定了片猪肉表皮激光灼刻标识码、印的相关术语和定义、技术要求及应用方法。本标准适用于片猪肉标识码、印的激光灼刻。

②《SB/T 10680-2012 肉类蔬菜流通追溯体系编码规则》是由中华人民共和国商务部于2012年发布，规定了肉类蔬菜流通追溯体系有关代码的编码原则、编码规则和载体。本标准适用于肉类蔬菜流通追溯体系有关代码的编写及管理。

③《SB/T 10683-2012 肉类蔬菜流通追溯体系管理平台技术要求》是由中华人民共和国商务部于2012年发布，规定了肉类蔬菜流通追溯体系各级政府追溯管理平台的功能结构、逻辑关系、数据接口、传输指标、平台设计、安全和维护等方面的技术要求等。本标准适用于肉类蔬菜流通追溯体系中央追溯管理平台和城市追溯管理平台的建设和维护。

④《SB/T 10682-2012 肉类蔬菜流通追溯体系信息感知技术要求》是由中华人民共和国商务部于2012年发布，规定了肉类蔬菜流通追溯体系中使用传感设备、射频技术的基本要求。本标准适用于肉类流通可追溯体系的信息采集。

⑤《SB/T 10681-2012 肉类蔬菜流通追溯体系信息传输技术要求》是由中华人民共和国商务部于2012年发布，规定了肉类蔬菜流通追溯体系信息传输中使用的基本技术要求。本标准适用于肉类蔬菜流通追溯体系建设。

⑥《SB/T 10684-2012 肉类蔬菜流通追溯体系信息处理技术要求》是由中华人民共和国商务部于2012年发布，规定了肉类蔬菜流通追溯体系中信息存储、数据字典及数据库接口表等方面的要求。本标准适用于肉类蔬菜流通追溯体系的信息处理。

⑦《SB/T 11059-2013 肉类蔬菜流通追溯体系城市管理平台技术要求》是由中华人民共和国商务部于2013年发布，规定了城市管理平台的管理功能要

求、接口要求、性能要求、部署环境要求、安全性要求等。本标准适用于城市管理平台的建设和运行维护。

⑧《SB/T 11124-2015 肉类蔬菜流通追溯零售电子秤通用规范》是由中华人民共和国商务部于2015年发布，规定了肉类蔬菜流通追溯零售电子秤的要求、试验方法、质量评定程序及标志、包装、运输和贮存等。本标准适用于肉类蔬菜流通追溯零售电子秤端的设计、制造、试验和应用。本标准是制定产品标准的依据，同时为产品认证提供依据。

⑨《SB/T 11126-2015 肉类蔬菜流通追溯批发自助交易终端通用规范》是由中华人民共和国商务部于2015年发布，规定了肉类蔬菜流通追溯批发自助交易终端的要求、试验方法、质量评定程序及标志、包装、运输和贮存等。本标准适用于肉类蔬菜流通追溯批发自助交易终端的设计、制造、试验和应用。

⑩《SB/T 11125-2015 肉类蔬菜流通追溯手持读写终端通用规范》是由中华人民共和国商务部于2015年发布，规定了肉类蔬菜流通追溯手持读写终端的要求、试验方法、质量评定程序及标志、包装、运输和贮存等。本标准适用于肉类蔬菜流通追溯手持读写终端的设计、制造、试验和应用。本标准是制定产品标准的依据，同时为产品试验和认证提供依据。

⑪《GB/T 33915-2017 农产品追溯要求 茶叶》是由中华人民共和国国家质量监督检验检疫总局和中国国家标准化管理委员会于2017年发布，规定了茶园管理及茶叶生产、茶叶加工、茶叶流通、茶叶销售各环节的追溯要求。本标准适用于茶叶产品的追溯。

⑫《GB/T 29568-2013 农产品追溯要求 水产品》是由中华人民共和国国家质量监督检验检疫总局和中国国家标准化管理委员会于2013年发布，规定了水产品供应链可追溯体系的构建和追溯信息的记录要求。本标准适用于水产品供应链中各组织可追溯体系的设计和实施。

⑬《GB/T 29373-2012 农产品追溯要求 果蔬》是由中华人民共和国国家质量监督检验检疫总局和中国国家标准化管理委员会于2012年发布，规定了果蔬供应链可追溯体系的构建和追溯信息的记录要求。本标准适用于果蔬供应链中各组织可追溯体系的设计和实施。

⑭《GB/T 28843-2012食品冷链物流追溯管理要求》是由中华人民共和国

国家质量监督检验检疫总局和中国国家标准化管理委员会于2012年发布，规定了食品冷链物流的追溯管理总则以及建立追溯体系、温度信息采集、追溯信息管理和实施追溯的管理要求。本标准适用于预包装食品从生产结束到销售之前的运输、仓储、装卸等冷链物流环节中的追溯管理。

⑮《SN/T 2983.2-2011 供港畜禽产地全程RFID溯源规程 第2部分：活禽》是由国家质量监督检验检疫总局于2011年发布，规定了供港澳活禽全程RFID溯源系统的构建和应用要求。

⑯《SN/T 2983.1-2011 供港畜禽产地全程RFID溯源规程 第1部分：活猪》是由国家质量监督检验检疫总局于2011年发布，规定了供港澳活猪全程RFID溯源系统的构建和应用要求。

（2）食品类追溯标准

①《SB/T 10770-2012 基于射频识别的瓶装酒追溯与防伪读写器技术要求》是由中华人民共和国商务部于2012年发布，规定了基于射频识别的瓶装酒追溯与防伪读写器(以下简称读写器)性能、功能、环境适应性、信息安全、包装、运输和贮存等的要求。本标准适用于读写器的设计、生产、使用和测试。

②《SB/T 10768-2012 基于射频识别的瓶装酒追溯与防伪标签技术要求》是由中华人民共和国商务部于2012年发布，规定了基于射频识别的瓶装酒追溯与防伪标签(以下简称标签)物理特性、功能和性能、环境适应性、信息安全、应用生命周期管理、包装、运输和贮存等的要求。本标准适用于标签的设计、生产、使用和测试。

③《SB/T 10771-2012 基于射频识别的瓶装酒追溯与防伪应用数据编码》是由中华人民共和国商务部于2012年发布，规定了基于射频识别的瓶装酒追溯与防伪应用的系统组成、追溯与防伪要素及其编码等的要求。本标准适用于瓶装酒追溯与防伪射频识别系统的设计、追溯与防伪用标签和读写器的制造和使用。

④《SB/T 10769-2012 基于射频识别的瓶装酒追溯与防伪查询服务流程》是由中华人民共和国商务部于2012年发布，规定了瓶装酒追溯与防伪应用中，瓶装酒生产流通过程与记录、防伪查询服务流程、追溯查询服务流程和瓶装酒追溯与防伪命令等的要求。本标准适用于基于射频识别的瓶装酒追溯

与防伪应用系统的设计开发和使用。

⑤《SB/T 11002-2013 基于射频识别的瓶装酒追溯与防伪读写器测试规范》是由中华人民共和国商务部于2013年发布，规定了基于射频识别的瓶装酒追溯与防伪读写器(以下简称读写器)功能、性能、环境适应性、信息安全等测试方法的内容。本标准适用于读写器的设计、生产、检验和采购。

⑥《SB/T 11060-2013 基于二维条码的瓶装酒追溯与防伪应用规范》是由中华人民共和国商务部于2013年发布，规定了瓶装酒追溯与防伪二维条码及识读设备的一般要求、二维条码编码规则、追溯服务流程、查询服务流程和信息安全等要求。本标准适用于瓶装酒追溯与防伪二维条码及识读设备的设计、生产和使用。

⑦《SB/T 11003-2013 基于射频识别的瓶装酒追溯与防伪设备互操作测试规范》是由中华人民共和国商务部于2013年发布。

⑧《SB/T 11001-2013 基于射频识别的瓶装酒追溯与防伪标签测试规范》是由中华人民共和国商务部于2013年发布，规定了基于射频识别的瓶装酒追溯与防伪设备互操作性的测试环境、技术要求和测试方法等内容。本标准适用于射频识别酒类追溯与防伪标签、读写器的设计、检验和采购的兼容性检测。

⑨《GB/T 28843-2012 食品冷链物流追溯管理要求》是由中华人民共和国国家质量监督检验检疫总局和中国国家标准化管理委员会于2012年发布，规定了食品冷链物流的追溯管理总则以及建立追溯体系、温度信息采集、追溯信息管理和实施追溯的管理要求。本标准适用于预包装食品从生产结束到销售之前的运输、仓储、装卸等冷链物流环节中的追溯管理。

⑩《GB/Z 25008-2010 饲料和食品链的可追溯性 体系设计与实施指南》是由中华人民共和国国家质量监督检验检疫总局和中国国家标准化管理委员会于2010年发布，本指导性技术文件为饲料和食品链可追溯体系的设计和实施提供指南。本指导性技术文件适用于按照GB/T22005-2009建立饲料和食品链可追溯体系的各方组织。

⑪《GB/T 22005-2009 饲料和食品链的可追溯性 体系设计与实施的通用原则和基本要求》是由中华人民共和国国家质量监督检验检疫总局和中国国家标准化管理委员会于2009年发布，规定了设计和实施饲料和食品链可追溯

体系的原则和基本要求。本标准适用于饲料和食品链中任一阶段的可追溯体系的实施。本标准尽量具备灵活性以使饲料和食品组织实现其确定的目标。可追溯体系是协助组织遵循其制定目标的一种技术工具，必要时用于确定产品或其相关成分的来历和地点。

⑫《GB/T 14156-2009 食品用香料分类与编码》是由中华人民共和国国家质量监督检验检疫总局和中国国家标准化管理委员会于2009年发布，规定了食品用香料分类与编码的术语和定义、编码原则和具体编码表。本标准适用于研制、生产、使用、管理以及一切涉及食品用香料的场合。

⑬《LS/T 1705-2017 粮食信息分类与编码 粮食设施分类与代码》是由国家粮食局于2017年发布，替代LS/T 1705-2004，规定了粮食设施分类原则与方法、编码方法、代码结构及编码原则和粮食设施分类与代码表。本标准适用于粮食行业信息处理和信息交换。

⑭《LS/T 1707.1-2017 粮食信息分类与编码 粮食仓储 第1部分: 仓储作业分类与代码》是由国家粮食局于2017年发布，替代LS/T 1707.1-2004，本部分规定了粮食仓储企业中主要仓储作业的分类原则与方法、代码的编码方法、代码结构、编码原则、仓储作业分类与代码表等技术指标。本部分适用于粮食行业信息处理和信息交换。

⑮《LS/T 1707.2-2017 粮食信息分类与编码 粮食仓储 第2部分: 粮情检测分类与代码》是由国家粮食局于2017年发布，替代LS/T 1707.2-2004，本部分规定了粮食仓储企业中常用粮情的分类原则与方法、代码的编码方法、代码结构、编码原则、粮情检测分类与代码表等技术指标。本部分适用于粮食行业信息处理和信息交换。

⑯《LS/T 1707.3-2017 粮食信息分类与编码 粮食仓储 第3部分: 器材分类与代码》是由国家粮食局于2017年发布，替代LS/T 1707.3-2004，本部分规定了粮食仓储企业中常用器材的分类原则与方法、代码的编码方法、代码结构、编码原则、器材分类与代码表等技术指标。本部分适用于粮食行业信息处理和信息交换。

⑰《LS/T 1706-2017 粮食信息分类与编码 粮食设备分类与代码》是由国家粮食局于2017年发布，替代LS/T 1706-2004，本标准规定了粮食设备分类

原则与方法、编码方法、代码结构及编码原则和粮食设备分类与代码表。本标准适用于粮食行业信息处理和信息交换。

⑱《LS/T 1703-2017 粮食信息分类与编码 粮食及加工产品分类与代码》是由国家粮食局于2017年发布，替代LS/T 1703-2004，规定了粮食行业的粮食及加工产品分类原则与方法、编码方法及代码结构、编码原则、粮食及加工产品分类与代码等方面的技术要求。本标准适用于粮食行业信息处理和信息交换。

⑲《LS/T 1702-2017 粮食信息分类与编码 粮食属性分类与代码》是由国家粮食局于2017年发布，替代LS/T 1702-2004，规定了粮食行业分类原则与方法、编码方法及代码结构、粮食属性分类与代码等方面的技术要求。本标准适用于粮食行业信息处理和信息交换。

⑳《SN/T 4528-2016供港食品全程RFID溯源信息规范 总则》是由中华人民共和国国家质量监督检验检疫总局于2016年发布，规定了供港食品全程RFID溯源信息的基本要求、参与方分析、业务流程、信息分析以及信息管理。本标准适用于供港食品全程RFID溯源供应链中溯源信息的采集、共享、流转和管理。

㉑《SN/T 4529.1-2016 供港食品全程RFID溯源规程 第1部分：水果》是由中华人民共和国国家质量监督检验检疫总局于2016年发布，本部分规定了供港水果全程RFID溯源体系的实施原则、实施要求、溯源系统模型、信息记录和处理、体系运行自查、溯源管理和产品召回。本部分适用于供港水果全程RFID溯源体系的构建和实施。

㉒《SN/T 4529.2-2016 供港食品全程RFID溯源规程 第2部分：蔬菜》是由中华人民共和国国家质量监督检验检疫总局于2016年发布，本部分规定了供港蔬菜RFID全程溯源体系的实施原则、实施要求、溯源系统模型、信息记录和处理、体系运行自查、溯源管理和产品召回。本部分适用于供港蔬菜全程RFID溯源体系的构建和实施。

㉓《SN/T 4529.3-2016 供港食品全程RFID溯源规程 第3部分：冷冻食品》是由中华人民共和国国家质量监督检验检疫总局于2016年发布，本部分规定了供港冷冻食品RFID全程溯源体系的实施原则、实施要求、溯源系统模

型、信息记录和处理、体系运行自查、溯源管理和产品召回。本部分适用于供港冷冻食品全程RFID溯源体系的构建和实施。

（3）药品类追溯标准

①《SB/T 11038-2013 中药材流通追溯体系专用术语规范》是由中华人民共和国商务部于2013年发布，规定了中药材流通追溯体系中的专用术语。本标准适用于中华人民共和国境内的中药材流通追溯体系的建设、运维、信息交换及处理以及相关规范的制定工作。

②《SB/T 11039-2013 中药材追溯通用标识规范》是由中华人民共和国商务部于2013年发布，规定了中药材追溯通用标识的要素、颜色和规格等。本标准适用于中华人民共和国境内的中药材流通追溯体系。

（4）特种设备类追溯标准

①《GB/T 36373.1-2018 特种设备信息资源管理数据元规范 第1部分：气瓶》是由中国国家标准化管理委员会于2018年发布，本部分规定了气瓶设计制造、使用登记、充装、检验等环节开展信息资源管理的数据元。本部分适用于气瓶信息化管理系统数据库以及信息交换格式的设计与开发应用。

②《电梯产品追溯编码与标识规则（征求意见稿）》是由中华人民共和国国家质量监督检验检疫总局于2017年发布，本规则规定了电梯整机、主要部件及安全保护装置追溯编码的基本要求、编码规则、编码标识等内容。本规则适用于中华人民共和国境内安装的电梯整机、电梯主要部件及安全保护装置的编码，以满足生产（制造、安装、改造、修理）、使用、检验、维护保养等环节追溯要求。

③《20171749-T-469特种设备追溯系统数据元》是由中国国家标准化管理委员会于2017年立项，尚未发布。

④《20172315-T-607塑料管材和管件 聚乙烯系统熔接设备 第4部分：可追溯编码》是由中国国家标准化管理委员会于2017年立项，尚未发布。

（5）危险品类追溯标准

①《AQ 4102-2008烟花爆竹流向登记通用规范》是由国家安全生产监督管理总局于2008年发布，规定了烟花爆竹和氯酸钾流向登记、管理、监督的基本要求。本规范适用于烟花爆竹、氯酸钾生产、经营单位的流向登记管理

和安全监管部门对烟花爆竹、氯酸钾流向的监督管理。

（6）其他类追溯标准

目前在国标和行标中，没有关于农业生产资料、稀土类产品的追溯标准或者已立项标准。

四、重要产品追溯标准体系编制思路

重要产品追溯标准体系主要围绕以下四个维度进行编制（见图3-15）。

1．产品类别

按照国务院办公厅印发的《关于加快推进重要产品追溯体系建设的意见》（国办发〔2015〕95号），产品类别主要分为食用农产品、食品、药品、农业生产资料、特种设备、危险品、稀土产品和其他。

2．标准类型

标准类型借鉴现有的追溯标准体系，同时结合重要产品追溯的实际需求和发展，包括基础、规范要求、规程指南、测试评价、认证和其他。

3．标准层次

标准层次分为通用标准和专用标准。通用标准是针对某一类标准化对象制定的覆盖面较大的共性标准，它可作为制定专用标准的依据。专用标准是指针对某一具体标准化对象或作为通用标准的补充、延伸制定的专项标准。

4．追溯活动过程要素

追溯活动是由一些必要要素构成的具有追溯能力的有机整体。为扩大重要产品追溯标准体系覆盖面，追溯活动过程应涉及追溯信息编码、追溯信息标识、追溯信息识别、追溯信息采集、追溯信息传输、追溯平台建设、追溯数据管理、追溯信息展示、追溯监督管理和其他要素。

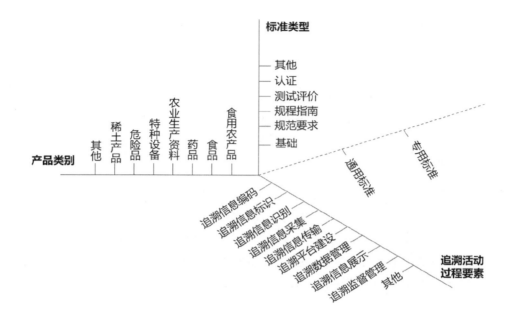

图3-15　重要产品追溯标准体系编制思路

五、重要产品追溯标准体系框架

利用标准化方法分析重要产品追溯体系框架时，结合我国重要产品追溯体系建设的实践基础和政策导向，将标准体系划分为两个层级：一是通用标准子体系，二是产品专用标准子体系（见图3-16）。

1. 通用标准子体系

通用标准子体系包括11个子标准综合体：综合通用标准、追溯信息编码、追溯信息标识、追溯信息识别、追溯信息采集、追溯信息传输、追溯平台建设、追溯数据管理、追溯信息展示、追溯监督管理和其他。

（1）综合通用标准子标准综合体

综合通用标准子标准综合体位于整个标准体系最上层，是重要产品追溯整体标准化活动的基础。其可分为重要产品追溯通用基础、重要产品追溯通用要求、重要产品追溯通用控制、重要产品追溯评估评价、重要产品追溯认证和其他二级子标准综合体。

（2）追溯信息编码子标准综合体

追溯信息编码子标准综合体是针对重要产品追溯信息资源的特点，按照分类编码的一般原则与方法，进行统一分类和一致编码的子标准综合体。追溯信息编码是实现不同追溯系统间互联互通的基础支撑技术。其下可列分追溯信息编码技术要求二级子标准综合体。

（3）追溯信息标识子标准综合体

追溯信息标识对每一批次产品都具有唯一性，标识是实现与被追溯对象间一一对应关系的重要载体。追溯信息标识的技术应用和管理是实现重要产品追溯的重要组成部分。其下可分为追溯信息标识技术标准和追溯信息标识管理标准二级子标准综合体。

（4）追溯信息识别子标准综合体

追溯信息识别是通过规范统一追溯读写设备的技术和管理要求，实现与其他终端、系统之间实时数据传输的功能。其下可分为追溯信息识别技术标准和追溯信息识别管理标准二级子标准综合体。

（5）追溯信息采集子标准综合体

追溯信息采集子标准综合体通过规范追溯信息采集技术，实现追溯信息的精准采集。其下可分为追溯信息采集基础标准、追溯信息采集技术标准和追溯信息采集管理标准二级子标准综合体。

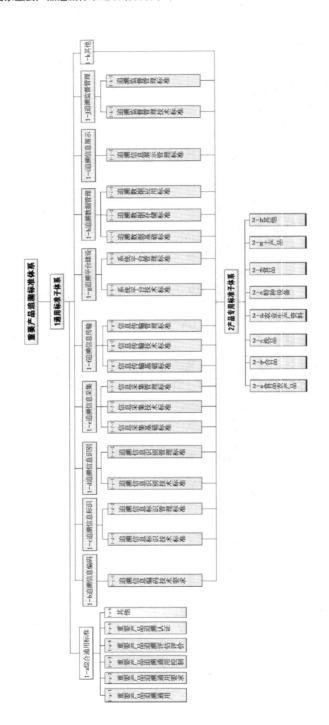

图3-16　重要产品追溯体系框架

（6）追溯信息传输子标准综合体

信息传输是从一端将命令或状态信息经信道传送到另一端，并被对方所接收的过程，是实现追溯信息链条完整性的重要保障。其下可分为追溯信息传输基础标准、追溯信息传输技术标准和追溯信息传输管理标准二级子标准综合体。

（7）追溯平台建设子标准综合体

追溯平台建设子标准综合体可分为系统平台技术标准和系统平台管理标准二级子标准综合体。系统平台技术标准二级子标准综合体是对平台设计和建设、功能要求、接口要求、安全性要求等进行规范的一类标准。系统平台管理标准二级子标准综合体是以平台运行服务过程中重复性管理事项和概念为对象，对其管理职能、管理内容与管理要求等所做的统一规范。

（8）追溯数据管理子标准综合体

追溯数据管理子标准综合体是各类数据质量的评判原则和评判方法的规范，包括数据本身质量、数据过程质量等。其下可分为追溯数据基础标准、追溯数据存储标准和追溯数据应用标准二级子标准综合体。

（9）追溯信息展示子标准综合体

追溯信息展示子标准综合体是通过规范追溯信息展示内容和展示方式，引导重要产品企业联通产品流通上下游环节，构建"来源可查、去向可追、责任可究"的追溯信息展示链条，方便消费者进行追溯信息查询。其下可列分追溯信息展示管理技术标准二级子标准综合体。

（10）追溯监督管理子标准综合体

追溯监督管理子标准综合体是通过明确监督管理范围、职责、内容等，实现重要产品追溯监督管理的标准化、规范化。其下可列分追溯监督管理技术标准和追溯监督管理标准二级子标准综合体。

（11）其他子标准综合体

作为重要产品追溯标准体系下的可扩展子标准综合体，应充分考虑重要产品追溯体系的发展。在一段时间内，根据重要产品追溯工作需要，为标准体系的可扩展性留有余地。

2．专用标准子体系

按照国务院办公厅印发的《关于加快推进重要产品追溯体系建设的意见》（国办发〔2015〕95号），专用标准子体系包括8个子标准综合体：食用农产品、食品、药品、农业生产资料、特种设备、危险品、稀土产品和其他。

六、重要产品追溯标准化建设管理的思路

1．加快关键共性急需标准研制

围绕重要产品追溯体系建设现状和发展需要，加强标准化工作统筹和顶层设计，统一规划标准体系架构，明确各级标准定位和各类标准功能，结合行业需求有序组织制定与实施追溯标准，强化标准化支撑重要产品追溯体系建设的技术基础作用。标准研制优先采用自主知识产权技术，建立自主可控可管的标准体系，服务国家经济产业发展需要，确保国家经济、产业、社会安全。以需求为导向，统一追溯信息，抓紧制定追溯术语、追溯编码、系统构建、评估评价等基础共性标准和数据互联、数据采集等关键技术标准。

针对重要产品生产、流通、消费等各环节特性，注重追溯模式、技术创新和标准制定协同、平衡发展，支持中央与地方、政府与市场开放联动需要，充分利用物联网、云计算等成熟可靠的现代信息技术，围绕追溯共性技术、追溯信息管理、追溯评估评价、追溯关键环节等方面，尽快制定发布一批技术含量高、适用性强的基础共性标准，统一和规范追溯信息、对象标识规则、数据采集格式、数据接口协议及体系认证等追溯基本要求，发挥标准对全国重要产品追溯体系建设制度基础保障和技术支撑作用。

2．开展重要产品追溯标准化试点

综合考虑行业产业状况、产品代表性、经济规模、地域特色等因素，突出重点产品和关键环节，积极探索开展追溯标准化试点示范工作。核心内容是实施和验证追溯标准，通过总结提炼试点成功经验，培育一批具有引领示范效应的试点示范项目，推动标准规模化、产业化应用，发挥试点示范辐射

带动作用。加强标准验证能力建设，坚持"验证一批、试用一批"，既有专业机构对标准可行性的检测与验证，又有重要产品追溯标准化试点推进，确保标准体系既先进又落地。

3．建立重要产品追溯标准化智库

建立重要产品追溯标准化智库，充分发挥专家的智慧和聪明才智，为重要产品追溯标准化工作提供咨询和技术指导。支持高校、科研院所、行业协会、企业联合建立追溯标准化人才培养孵化器，创新培养模式，培养一支追溯标准化复合型人才队伍。充分利用各行业各领域已建立的追溯体系相关标准规范，通盘考虑加以吸收借鉴，促进标准制定工作有效衔接，加强各级各类标准相互协调配合，促进各行业、各地区追溯系统互联互通和数据共享，实现各类产品追溯技术相互协同、有机衔接。

4．推动重要产品追溯标准与国际接轨

借鉴国际上追溯体系建设标准化先进经验和成果，探索推进重要产品追溯标准与国际接轨，携手打造中国与"一带一路"沿线国家重要产品追溯通用规则，通过标准支撑跨国贸易产品信息融合互通，促进商品国际流通和贸易合作。加强关键技术指标适用性研究，与相关国际组织和先进国家开展技术合作，制定重要产品追溯国际标准。

积极参与追溯国际标准化活动，结合"一带一路"建设愿景，借鉴国际组织和发达国家已有经验和做法，加强追溯技术国际交流，开展标准化国际合作，促进我国标准与国际标准接轨，全面提升重要产品跨境追溯能力建设，促进产品全球流通，实现共同发展、共同繁荣。

5．加大重要产品追溯标准化资金扶持力度

根据重要产品追溯标准等级不同，由国家各级政府部门给予一定经费支持，逐步形成以政府投入为引导、企业投入为主体、社会投入为补充的多渠道、多元化的经费投入保障机制。调动企事业单位、社会团体、标准化事务所以及个人等专家资源，促进标准创新和标准化服务业发展。

6．加大标准化宣传推广

要大力进行追溯标准宣传和推广，增强在重要产品追溯工作中实施标准的主动性和自觉性。重视重要产品追溯标准的推广应用，在试点示范的基础上，制订切实可行的标准推广方案。通过印制宣传手册、编写培训材料、召开宣贯会议等形式，有重点、分节点地推广实施标准。企业作为产品追溯的责任主体，要积极参与追溯标准推广实施，准确掌握标准内容、理解指标要求，主动运用好标准，保证标准实施效果。

加强追溯标准化工作宣传力度，充分发挥传统媒体和新媒体作用，通过新闻媒体和信息网络，广泛传播重要产品追溯标准化工作成果，提升标准意识。及时通报追溯标准化工作最新进展，宣传重要标准制定发布情况，开展标准重要指标解读，推动各行业增强追溯标准化意识，提高标准化在重要产品追溯体系建设中的认知度和普及率，切实发挥追溯体系建设中的标准规范引领作用。

第四章　政策制度

一、追溯政策

1. 国家政策

2015年12月30日，国务院办公厅印发《关于加快推进重要产品追溯体系建设的意见》（国办发〔2015〕95号），明确了重要产品追溯体系建设的指导思想、基本原则、主要目标、重点产品、具体任务与要求及保障措施等，是指导全国加快推进重要产品追溯体系建设的纲领性文件。

2. 部门政策

商务部会同相关部门先后出台了推进重要产品追溯体系建设的一系列政策性文件，如《商务部办公厅关于加快推进重要产品追溯体系建设有关工作的通知》（商办秩函〔2016〕78号）、《商务部等七部门关于推进重要产品信息化追溯体系建设的指导意见》（商秩发〔2017〕53号）、《商务部办公厅关于加强2018年重要产品追溯体系建设工作的通知》（商办秩函〔2018〕138号）、《商务部办公厅 财政部办公厅关于复制推广重要产品追溯体系建设示范工作典型经验的通知》（商办秩函〔2018〕472号）、《商务部办公厅关于复制推广肉菜中药材流通追溯体系建设试点典型经验的通知》（商办秩函〔2018〕311号）、《商务部办公厅 财政厅办公厅关于明确肉菜中药材流通追溯体系试点结束后管理体制等工作的通知》（商秩字〔2018〕18号）、《商务部办公厅关于印发<重要产品追溯管理平台建设指南（试行）>的函》（商办秩函〔2018〕205号）、《商务部等七部门关于协同推进肉菜中药材等重要产品信息化追溯体系建设的意见》（商秩字〔2019〕5号）。

其他部门制定的政策性文件主要有：《农业部关于加快推进农产品质量安全追溯体系建设的意见》（农业部农质发〔2016〕8号）、《农业农村部关于农产品质量安全追溯与农业农村重大创建认定、农业品牌推选、农产品认证、农业展会等工作挂钩的意见》（农质发〔2018〕10号）、《食品药品监管总局关于白酒生产企业建立质量安全追溯体系的指导意见》（食药监食监〔2015〕194号）、《食品药品监管总局关于推动食品药品生产经营者完善追溯体系的意见》（食药监科〔2016〕122号）、《国家药监局关于药品信息化追溯体系建设的指导意见》（国药监药管〔2018〕35号）、《食品药品监管总局关于食用植物油生产企业食品安全追溯体系的指导意见》（食药监食监〔2015〕280号）、《国家标准委办公室、商务部办公厅关于印发＜国家重要产品追溯标准化工作方案》的通知＞（标委办农联〔2016〕124号）、《质检总局等关于开展重要产品追溯标准化工作的指导意见＞（国质检标联〔2017〕419号）、《质检总局办公厅关于推进重要进出口产品质量信息追溯体系建设的意见》（质检办通〔2017〕419号）。

二、各品类追溯管理要求

1. 食用农产品

为提高食用农产品质量安全水平，农业部与有关部门协调配合，健全完善追溯管理与市场准入的衔接机制，以责任主体和流向管理为核心，以扫码入市或索取追溯凭证为市场准入条件，构建从产地到市场到餐桌的全程可追溯体系。鼓励集中交易市场开办者和销售者建立食品安全追溯体系，利用信息化手段采集和记录所销售的食用农产品信息。《农产品质量安全追溯管理办法（试行）》，要求农产品生产经营者按照国家追溯平台信息采集规范，如实填报产品名称、来源、数量等基本追溯信息。加入地方或行业追溯平台的农产品生产经营者，还需如实填报投入品使用、农事操作等生产过程信息。农产品交易时，农产品生产经营者应当采取扫码的方式，向下传递追溯信息，建立完整的追溯链条。农产品生产经营者应当在具备赋码条件的产品或产品包装上加施追溯标识。农产品在进入批发市场、零售市场或生产加工企业时，农产品生产经营者应当按照规定提供入市追溯凭证。农业农村部发布的《关于农产品质量安全追溯与农业农村重大创建认定、农业品牌推选、农产品认证、农业展会等工作挂钩的意见》（农质发〔2018〕10号）提出：要加快国家追溯平台推广应用，将农产品质量安全追溯与农业项目安排、品牌认定等挂钩，率先将绿色食品、有机农产品、地理标志农产品纳入追溯管理。

2010年以来，为解决肉菜流通来源追溯难、去向查证难等问题，提高肉菜流通的组织化、信息化水平，增强质量安全保障能力，商务部、财政部等出台了一系列政策文件，指导推进肉类蔬菜流通追溯体系建设。2011年，商务部制定了《肉类流通追溯体系基本要求》《蔬菜流通追溯体系基本要求》等技术规范，对屠宰厂、批发市场、配送中心、零售市场、超市、团体消费单位等流通环节的基础管理、追溯管理、流程管理、数据采集等方面要求进行了规定。2015年，商务部办公厅印发了《肉类蔬菜流通追溯体系运行考核办法》（商办秩函〔2015〕601号），明确规定了城市整体运行、节点企业运行达标、日常运维与考核管理等方面的考核内容，进一步强化肉类蔬菜流通追溯体系日常运行管理，确保追溯体系运行效果。

针对水产品质量安全可追溯试点建设工作，主要围绕落实主体责任，做到投入品、苗种和水产品来源可追溯，去向可追踪。一要建立相关质量管理制度和产品可追溯制度，落实水产养殖生产记录、水产养殖用药记录制度，销售的水产品应附食用农产品合格证或产品标签。二要做到投入品、苗种来源可追溯，使用情况（日期、用量、地点）可追溯。三要做到水产品生产主体和生产批次可追溯，实现同一天、同一池塘（网箱、养殖池）、同一品种产品来源和去向可追溯，部分名贵品种要实现单体追溯，例如龟、鳖、蟹等。

2. 食品

2015年10月，我国正式实施新的《中华人民共和国食品安全法》，明确要求食品生产经营者建立食品安全追溯体系，保证食品可追溯。国家鼓励食品生产经营者采用信息化手段采集、留存生产经营信息，建立食品安全追溯体系。

2017年3月，国家食品药品监管总局发布了《关于食品生产经营企业建立食品安全追溯体系若干规定》（2017年第39号），指出食品生产经营企业建立食品安全追溯体系的核心和基础，是记录全程质量安全信息。生产企业记录的基本信息，应当包括产品信息、原辅材料信息、生产信息、销售信息、设备信息、设施信息、人员信息、召回信息、销毁信息和投诉信息。销售企业应完善进货信息、贮存信息和销售信息。餐饮企业的进货信息和贮存信息要完备。食品生产经营企业应当记录的运输、贮存、交接环节等基本信息。

学校食堂要建立食品安全追溯体系，如实、准确、完整记录并保存食品进货查验等信息，保证食品可追溯。鼓励食堂采用信息化手段采集、留存食品经营信息。

食用植物油生产企业要建立食品安全追溯体系，对原料验收、生产过程、产品检验、产品销售、人员设备等信息如实记录，通过统一规范，严格管理，保障追溯体系有效运行。

白酒生产企业要建立质量安全追溯体系，如实记录产品、生产、设备、设施、人员等质量安全信息，确保产品从原辅材料采购到产品出厂销售所有环节，都可有效追溯。

婴幼儿配方乳粉生产企业要建立食品安全追溯体系，鼓励生产企业采用信息化手段采集、留存包括产品配方研发、原辅材料管理、生产过程控制、成品管理、销售管理、风险信息管理、产品召回等生产经营信息。针对出口乳品生产经营者，国家质量监督检验检疫总局《进出口乳品检验检疫监督管理办法》（总局令第152号）要求建立产品追溯制度，建立相关记录，保证追溯有效性。记录保存期限不得少于2年。

3.药品

原卫生部《药品生产质量管理规范（2010年修订）》要求每批产品均应当有相应的批生产记录，可追溯该批产品的生产历史以及与质量有关的情况。每批产品或每批中部分产品的包装，都应当有批包装记录，以便追溯该批产品包装操作以及与质量有关的情况。国家食品药品监督管理总局2015年7月13日发布的《药品经营质量管理规范》要求，企业应当在药品采购、储存、销售、运输等环节采取有效的质量控制措施，并按照国家有关要求建立药品追溯系统，实现药品可追溯。国度食品药品监管总局《关于推动食品药品生产经营者完善追溯体系的意见》要求，药品、医疗器械生产企业应当按照其生产质量管理规范（GMP）要求对各项活动进行记录。记录应当真实、准确、完整和可追溯。鼓励药品、医疗器械生产企业对产品最小销售单位赋以唯一性标识，以便经营者、消费者识别。植入性医疗器械应当标记生产企业名称或商标、批代码（批号）或系列号，以保证可追溯。药品、医疗器械经营企业应当按照其经营质量管理规范（GSP）要求对各项活动进行记录。记录应当真实、准确、完整和可追溯，以保证药品、医疗器械购进、养护、出库、运输等环节可追溯，并按规定使用计算机信息管理系统进行有效管理。药品、医疗器械使用单位应当按照《医疗机构药品监督管理办法（试行）》和《医疗器械使用质量监督管理办法》要求对药品和医疗器械的购进、验收、储存、使用等情况进行记录。国家食品药品监管总局《关于药品信息化追溯体系建设的指导意见》（国药监药管〔2018〕35号）要求，药品上市许可持有人、生产企业、经营企业、使用单位通过信息化手段建立药品追溯系统，及时准确记录、保存药品追溯数据，形成互联互通药品追溯数据链，实现药品生产、流通和使用全过程来源可查、去向可追；有效防范非法药品进入合法渠道；确保发生质量安全风险的药品可召回、责任可追究。

《中华人民共和国中医药法》明确规定：国家鼓励发展中药材现代流通体系，提高中药材包装、仓储等技术水平，建立中药材流通追溯体系。药品生产企业购进中药材应当建立进货查验记录制度。中药材经营者应当建立进货查验和购销记录制度，并标明中药材产地。商务部等七部委联合印发的《关于协同推进肉菜中药材等重要产品信息化追溯体系建设的意见》指出：中医药管理部门要结合中药标准化工作，推动中药材生产经营企业履行追溯主体责任、建设中药材质量追溯体系。药监部门会同有关部门推动药品生产经营企业建立覆盖生产、流通等全过程的追溯体系。

4.农业生产资料

在饲料方面，记录并上传使用饲料和饲料添加剂等农业投入品的名称、来源、用法、用量和使用、停用日期等食品安全追溯信息；推动饲料企业建立执行生产过程管理制度，实现从原料入厂到成品出厂的全程可控可追溯；在条件成熟的地区，推进饲料产品电子追溯码标识制度。

在种子方面，实行种子标签二维码标识制度，推动种子生产经营者建立包括种子来源、产地、数量、质量、销售去向、销售日期等内容的电子生产经营档案；引导种子批发和零售商建立种子来源、数量和销售去向的电子台账；建立全国统一的可追溯管理平台，整合行政审批、经营备案、市场监管等各方信息，实现全程、全面可追溯。《中华人民共和国种子法》规定：针对自主研发的主要农作物品种、主要林木品种，种子企业对试验数据的真实性负责，保证可追溯，接受省级以上人民政府农业、林业主管部门和社会的监督。

在兽药方面，进一步加强国家兽药基础数据信息平台建设，完善兽药生产企业、兽药产品批准文号等兽药基础信息数据库；深入开展兽药"二维码"追溯系统建设，全面实施兽药产品电子追溯码标识制度，逐步实现兽药生产、经营、使用全过程追溯。

在农药、肥料上，建立追溯监管体系，推动生产经营企业建立原料控制、生产管理、产品使用等制度，为产品可追溯提供制度保障；引导生产、流通企业扩大质量追溯体系建设范围，不断提高物联网技术的应用能力，实行电子追溯码标识制度。《农药管理条例》规定：农药标签应当按照国务院农业主管部门的规定，以中文标注农药的可追溯电子信息码等内容。《农药生产许可管理办法》规定：在生产过程中，应有与生产农药相适应的自动化生产设备、设施，有利用产品可追溯电子信息码从事生产、销售的设施；在运输过程中，应有可追溯电子信息码扫描识别设备和用于记载农药购进、储存、销售等电子台账的计算机管理系统。

5.特种设备

国务院办公厅《关于加快推进重要产品追溯体系建设的意见》规定：以电梯、气瓶等产品为重点，严格落实特种设备安全技术档案管理制度，推动企业对电梯产品的制造、安装、维护保养、检验以及气瓶产品的制造、充装、检验等过程信息进行记录，建立特种设备安全管理追溯体系。商务部等七部委联合印发的《关于推进重要产品信息化追溯体系建设的指导意见》强调：建立全国特种设备追溯公共服务平台。推动企业建立特种设备信息化追溯系统，与全国特种设备追溯公共服务平台对接。逐步实现电梯的生产、使用、维护保养、检验、检测，以及车用气瓶和移动式压力容器的生产、使用、检验、检测、充装、报废等关键信息的记录、统计、分析、公示等功能，为社会提供追溯信息查询服务。完善特种设备生产标识方法，健全生产单位、使用单位、检验检测机构数据报告制度和特种设备安全技术档案管理制度，建立企业生产流通全过程信息记录制度，为特种设备质量安全信息全生命周期可追溯提供制度保障。

6.危险品

国务院办公厅《关于加快推进重要产品追溯体系建设的意见》规定：开展特种设备和危险品追溯体系建设。以民用爆炸物品、烟花爆竹、易制爆危险化学品、剧毒化学品等产品为重点，开展生产、经营、储存、运输、使用和销毁全过程信息化追溯体系建设。商务部等七部委联合印发的《关于推进重要产品信息化追溯体系建设的指导意见》规定：建设全国危险品追溯监管综合信息平台。利用物联网、云计算、大数据等现代信息技术手段，以民用爆炸物品、剧毒化学品、易制爆危险化学品、烟花爆竹、放射性物品等为重点，形成国家、省、市、县、园区危险品信息追溯管控体系，探索实施高危化学品电子追踪标识制度，实现危险品全生命周期过程跟踪，信息监控与追溯。逐步增加危险品种类，扩大覆盖范围。

7.稀土

国务院办公厅《关于加快推进重要产品追溯体系建设的意见》规定：开展稀土产品追溯体系建设。以稀土矿产品、稀土冶炼分离产品为重点，以生产经营台账、产品包装标识等为主要内容，加快推进稀土产品追溯体系建设，实现稀土产品从开采、冶炼分离到流通、出口全过程追溯管理。为推进原材料工业两化深度融合，加快促进原材料工业转型升级，工信部《原材料工业两化深度融合推进计划(2015-2018年)》指出：要建立稀土矿山开采监管系统，实现对稀土矿区非法开采、水体污染、植被破坏等情况的长期动态监控；依托重点单位，建立稀土等产品追溯系统。

三、重要产品追溯重点制度

1．组织机构建设制度

（1）编制目标

制定各省（市）重要产品追溯体系建设工作领导小组或联席会议制度，明确组成部门及职责分工，推动部门间政策协同和工作协同，协调解决政策推动、标准制定、平台搭建、项目建设、信息互通等重点问题。

（2）主要内容

包括但不限于：领导小组或联席会议主要职责、工作规则，成员单位构成及职责分工，领导小组或联席会议办公室所在单位及主要职责等。

（3）建议条款

成员单位可由商务、农业农村、市场监管、药监、工业和信息化、发展改革、大数据、公安、财政、自然资源、生态环境厅、交通运输、卫生健康、中医药管理、应急管理、林业、粮食、糖业、海关、税务等部门构成，牵头单位为商务部门。食用农产品及农业生产资料、食品及特种设备、药品、危险品及稀土产品等七大类重要产品追溯体系建设分别由农业农村、市场监管、药监、工业和信息化等部门负责推进。

2．追溯项目管理制度

（1）编制目标

制定追溯体系建设项目申报、项目实施、项目验收等管理制度，保障追溯体系建设项目按时、保质、高效、规范完成建设任务。

（2）主要内容

项目申报制度主要内容包括支持范围及标准、申报条件、材料要求、申报和审定程序等。项目实施管理制度主要内容包括项目建设目标、建设任务、保障措施、进度安排等。项目验收制度主要内容包括验收依据、验收内容、验收标准、验收方式和程序等。

（3）范例解读

范例1：《上海市商务委关于开展上海市重要产品追溯体系建设示范项目申报工作的通知》（沪商运行〔2016〕393号）：一是明确申报主体要求。申报单位需在本市注册，与实际投资主体、建设主体应一致，未获得过同类项目的其他财政支持。二是突出材料精准实施。按照要求报送完整申报材料，细化说明项目建设方案及项目资金申请报告。三是加强区初审把关。各区商务主管部门或市级控股（集团）公司对申报单位提供的材料进行认真核实把关，经初审后，在申报表上签署推荐意见及加盖公章。四是强调时间节点安排。列入示范项目的申报单位按照建设方案开展建设工作，按照计划时间节点完成建设任务。

范例2：《上海市开展重要产品追溯体系建设示范项目实施方案》（沪商运行〔2016〕297号）：一是明确示范项目建设要求。明确规定示范项目建设内容、支持范围及标准、申报条件、申报要求、申报和审定程序等，重点从肉菜流通追溯体系升级改造、特色产品追溯体系建设、乳制品全过程信息追溯体系建设、第三方追溯服务建设、其他重要产品追溯体系建设、追溯技术与追溯模式创新等6个方面开展上海市重要产品追溯体系示范项目建设。二是强化立项管理"双把关"。各区商务主管部门或市属国有企业集团通过组织专家评审、实地考察等方式，对申报单位进行审查，经初审后将申报材料报送至市商务委。三是委托第三方进行项目管理。统一委托第三方进行项目管理，规范项目审核流程，市商务委组织申报工作，委托第三方进行项目咨询、审计、监理、评审、考核、验收等有关工作。

范例3：《上海市商务委、市粮食局、市食药监局关于进一步加强本市食品流通安全信息追溯体系建设与运行实施方案》（沪商运行〔2018〕204号）：一是建立市、区、企业三级追溯运维管理机制。上海市食品流通安全信息追溯系统由市商务委按照相关程序聘请专业的第三方公司负责统一运维管理；各辖区内的标准化菜市场由各区商务主管部门按照相关程序聘请专业的第三方公司负责统一运维管理，并将标准化菜市场内经营的9大类20个品种统一纳入运维范围；其他经营环节企业由本单位负责运维管理，建立信息追溯运维制度，鼓励聘请专业的第三方公司负责统一运维管理。二是强化运行考核管理。将追溯运行考核工作重心移至各区和企业，分级考核，建立量化考核指标体系，加强日常考核，同时，将9大类20个品种信息追溯覆盖率、上传率纳入年终食品安全考核指标体系。三是加大追溯监管执法。依据《上海市食品安全条例》《上海市食品安全信息追溯管理办法》，对食品及食用农产品生产履行食品安全信息追溯义务进行监督检查，对于未按要求履行义务的食品生产经营者，依法予以立案查处，并形成"红名单"和"黑名单"制度。

范例4：《广西重要产品追溯管理平台验收方案》（尚未印发）：一是明确了验收内容。对平台软件功能、技术规范编制、平台互通对接、系统安全保障、培训运维安排等内容进行评审验收。二是明确了验收依据。依据商务部《重要产品追溯管理平台建设指南（试行）》、广西重要产品追溯管理平台建设项目招标文件、投标文件及合同以及《国家信息安全等级保护标准GB/T 22239-2008》《信息安全技术 信息系统安全等级保护基本要求GB/T 28448-2012》等进行验收。三是明确了验收人员组成及产生方式。四是明确了验收程序和要求。

3．追溯资金管理制度

（1）编制目标

制定追溯体系建设、运维专项资金管理制度，规范专项资金管理，保证资金使用安全，提高资金使用效益。

（2）主要内容

包括但不限于：资金来源，使用范围或支持方向，支付方式和标准，申报主体、条件、程序和材料要求，资金拨付主体、条件和程序，资金管理主体、职责以及预算、支出、决算管理要求，绩效考核，监督检查和责任追究等。

（3）条款范例

范例1：资金使用范围（上海市重要产品追溯体系建设示范项目专项资金使用和管理办法）：追溯专项资金主要用于本市开展重要产品追溯体系建设示范项目，具体建设内容及要求按照《市商务委关于印发〈上海市开展重要产品追溯体系建设示范项目实施方案〉的通知》（沪商运行〔2016〕297号）执行，重点包括以下七方面：

①建设全市统一的重要产品追溯管理平台。上海市重要产品追溯管理平台属于政府追溯系统建设项目，包括整合各政府相关部门的追溯管理系统，以及升级原有上海食用农产品流通安全信息追溯管理平台和上海酒类流通安全信息追溯管理平台，形成全市互联互通的重要产品追溯管理平台。对建立追溯管理平台发生的系统开发、升级，追溯设备购置、安装调试，软件测评、安全测评，相关制度与标准制定，咨询、监理、审计等由追溯专项资金全额安排。

②支持肉类蔬菜和中药材追溯系统建设。肉类蔬菜和中药材追溯属于企业追溯系统建设项目，对开展肉类蔬菜和中药材追溯系统建设项目中，企业发生的系统开发、升级、追溯设备购置、安装调试、数据接口、认证、监理等给予重点财政补助。

③支持特色产品追溯系统建设。特色产品追溯属于企业追溯系统建设项目，对开展酒类、豆制品、熟食制品、宝玉石等特色产品追溯系统建设项目中，企业发生的系统开发、升级、追溯设备购置、安装调试、数据接口、认证、监理等给予适当财政补助。

④支持乳制品全过程信息追溯系统建设。乳制品追溯属于企业追溯系统建设项目，对开展乳制品追溯系统建设项目中，企业发生的系统开发、升级、追溯设备购置、安装调试、数据接口、认证、监理等给予适当财政补助。

⑤支持第三方追溯服务平台建设。第三方追溯服务平台属于企业追溯系统建设项目，对建设第三方信息服务公司及行业协会追溯管理平台项目中，企业发生的系统开发、升级、追溯设备购置、安装调试、数据接口、软件测评、安全测评、认证、监理等给予适当财政补助。

⑥支持其他重要产品追溯系统建设。其他重要产品追溯属于企业追溯系统建设项目，对开展有关食品和食用农产品、药品（医疗器械）、农药、肥料、种子、电梯、气瓶、危险品等重要产品追溯建设项目中，企业发生的系统开发、升级、追溯设备购置、安装调试、数据接口、认证、监理等给予适当财政补助。

⑦经市商务委、市财政局批准其他需要支持的事项。

范例2：资金使用范围（厦门市重要产品追溯体系建设示范工作专项资金

管理办法）：

①政府追溯系统建设。支持全市重要产品追溯统一平台及各政府部门追溯子系统建设投入，包括软件和数据库开发应用，硬件设施设备更新、投入、改造，网络租用，机房建设，项目监理，系统平台接口研发与技术对接，以及系统运行维护，信息安全防护保障等费用。对于政府其他部门已另行完成立项程序并符合示范工作方向和要求的项目，可直接列为示范项目予以支持。

②企业追溯系统建设。对具备一定规模，且有较强的资金筹措和项目实施能力，信息化基础条件较好的相关生产经营企业（包含批发市场等）开展追溯体系建设予以补助，主要包括根据追溯体系建设需要进行必要的软硬件（含基础设施）投入、更新、改造，与产品追溯密切关联的设备设施投入，企业二维码等追溯技术推广应用，系统对接等费用。

③追溯认证标准体系建设。是指委托第三方机构制定追溯体系标准规范，开展检验认证技术研究。

④追溯体系工作经费。用于宣传推广、调研、培训以及组织项目咨询、申报、认定、评审、验收、绩效评价、审计检查等费用。

范例3：监督检查和责任追究（厦门市重要产品追溯体系建设示范工作专项资金管理办法）：

第十条　使用扶持资金的单位和企业须建立完整的档案，自觉接受商务、财政、审计等部门对扶持资金使用情况的监督检查。市商务局会同市财政局对扶持资金的使用情况、效果等实施绩效评价，根据绩效评价结果，及时完善资金使用、项目管理等制度。必要时可组织专家或委托第三方机构实施绩效评价。

第十一条　已获得中央财政投资或其他部门支持的同类项目不得重复申报；已申报其他市级财政资金支持的项目不得重复申报；在审计、稽查中发现存在弄虚作假等问题的项目申报单位不得申报。对企业或其他机构失信造假的行为，将记录纳入商务信用体系，对失信造假单位实施联合惩戒。

第十二条　任何单位或个人不得以虚报、冒领等手段骗取和截留、挤占、挪用专项资金。对违反本规定的行为，一经查实，将严格按照《财政违

法行为处罚处分条例》予以处理。触犯刑法的移交司法机关处理。第十三条
对于未通过重要产品追溯体系建设示范工作验收的追溯项目，将如数追回扶
持资金。

4．追溯数据管理制度

（1）编制目标

通过制定追溯数据对接、数据管理等制度，提升产品追溯数据在采集、
流转和应用过程中的完整性、准确性、及时性和安全性，推进部门、企业间
追溯数据互联互通。

（2）主要内容

追溯数据管理制度应明确规定数据定义、数据管理机构和职责以及数据
在采集、流转和应用过程中的相关要求、数据安全管理要求等。追溯数据对
接管理制度应明确数据对接申报条件、申报材料要求、审核评估及对接实施
流程、数据要求、对接双方的权利义务等。

（3）建议条款

【数据管理原则】

产品追溯数据的管理原则一般包括：

统一标准：各行业产品追溯信息的采集和应用应该遵循通用的技术标准
和数据标准，同时满足相关的行业标准，从而保证数据的规范和标准。

集中共享：各行业产品追溯信息应该采取分行业集中存储，各行业间根
据按需共享的原则进行管理。

分级管理：各级主管机构负责制定所管辖产品追溯信息的行业标准，推
动追溯信息的有效采集和管理。

【管理机构和职责】

各地政府的省级、市级管理机构是本区域相关产品追溯信息的区域主管
机构，在追溯信息的管理过程中承担以下职责：推动和监控产品追溯数据相
关标准规范的落地和实施。负责本级数据集成平台的建设、运维和数据的管
理。对辖区内相关产品生产、流转、销售等环节上的企业进行管理，提升产
品追溯数据的采集率，监控和提升数据的质量。负责处理本辖区内追溯数据

的质量问题。负责制定针对辖区企业的考核办法并且推动落实。

产品生产、流转、销售等环节上的企业是追溯数据采集的第一责任方，在追溯信息的管理过程中承担以下职责：根据相关行业的要求积极采集产品追溯数据，并及时报送。保证所采集数据的准确性和完整性，并且积极解决相关数据的质量问题。设置产品追溯数据在企业内部的负责人，全权负责相关数据的采集、报送和质量问题的处理。

【数据应用】

产品追溯数据分为公开性和非公开性数据。公开性数据按公开方式分为主动公开和依申请公开，非公开性数据分为涉密数据和内部数据。

公开性数据实行公开发布制度。主动公开数据应通过各级主管机构的门户网站、信息服务系统主动上网发布。依申请公开数据由用户根据自身需要向数据主管部门申请，经批准，由数据保管单位和数据生产单位提供。

涉密数据的管理、服务，按照保守国家秘密法有关规定执行。内部数据的管理、服务，按照主管机构有关规定执行。用户需要利用涉密数据的，应当出具单位正式介绍信，明确提出利用数据的类别、范围及用途，按照保密管理规定的审批程序，报数据主管部门审批。审批同意的，数据保管单位按有关规定办理相关手续。未经批准，不得擅自提供涉密数据和内部数据。非法披露、提供涉密数据的，依照保守国家秘密法的规定予以处罚。

5.追溯平台第三方对接管理制度

主要规范各级重要产品追溯管理平台与第三方追溯技术服务平台等开展数据对接相关业务。一般从平台对接申报基本条件、对接申报及审核、对接实施、对接后监测评价等方面进行设计。

申请机构为第三方追溯平台的，应满足以下条件（包括但不限于）：

（1）遵守国家有关法律、法规及相关规定。

（2）属于在国内依法设立的法人或社团组织。

（3）信誉良好，无不良信用记录。

（4）追溯平台具备一定的追溯系统软硬件等基础设施，拥有稳定的技术团队以及相应的技术研发和运维等能力，保障追溯平台的平稳有效运行。

（5）追溯平台服务区域应不低于政府追溯管理平台覆盖区域（如申请机构的服务区域仅限于某市，可向该市重要产品追溯管理平台提出对接申请）。

（6）申请机构应保证申请材料内容的真实性、准确性和完整性。

（7）申请机构提供的追溯数据格式、内容、接口等，需满足各级追溯管理平台数据对接相关技术要求。申请机构应保证对接数据的真实性、有效性和完整性，以及数据传输的及时性和持续性。

（8）负责审核所服务企业从事相关领域许可证明材料，可实现企业重要产品关键控制点的追溯信息采集，追溯数据内容符合相关部门要求；

（9）服务范围应覆盖本省多个市域，有典型的成功案例和成熟的可复制经验模式，具有良好的业界声誉和影响力。

（10）应先取得所服务企业无偿将该企业追溯数据经由第三方平台上传至政府追溯管理平台的授权，应将授权证明材料作为申报材料统一递交备案，并填报所服务企业基本情况统计表。

6．追溯体系监测评价制度

（1）编制目标

通过制定追溯体系运行考核、监测评价等制度，理顺追溯体系运行考核监测评价职责，设定考核监测评价相关量化指标,指导开展运行监测和量化评估工作，提升追溯体系运行质量。

（2）主要内容

包括但不限于：主体和对象、职责分工、评价内容、指标体系、评价周期、评价方法、评级结果及结果应用等。

（3）范例解读

范例1：《上海市肉类蔬菜流通安全信息追溯体系运行考核办法》：实行"双考核"机制，设定区县、批发市场、标准化菜市场、超市大卖场等量化考核指标，加强日常考核；将区标准化菜市场追溯系统建设覆盖率与运行纳入全市精神文明测评和食品安全考核指标体系中，强化年终考核。

范例2：《南宁市肉菜流通追溯体系运行考核奖惩办法（试行）》：围绕

数据上报达标率、数据上报及时性、数据完整性、数据规范性、数据可关联性、设备正常运转、及时解决问题等内容，设定量化考核指标，对各流通节点企业追溯体系运行情况进行全面考核。对于追溯系统运行情况考核中评为合格以上等级的各流通节点企业，由市财政安排资金按照标准给予奖励。根据考核结果等级、奖励金额标准及奖励系数决定考核奖励金额。

四、追溯认证管理制度

1. 国家对追溯体系认证的管理要求

习近平总书记在十九届三中全会上专门提到"推进质量认证体系建设"，并多次就加强全面质量管理、推进认证认可国际合作、加强网络安全检测认证工作等作出一系列重要指示；李克强总理强调，要"把质量认证作为供给侧结构性改革和放管服法改革的重要抓手"，要求"对与消费者生活密切相关、通过认证能保障产品质量安全的，一律转为认证"；王勇国务委员指出，要充分利用认证认可传递信任，加快认证认可和检验检测结果互认，加强贸易规则和程序协调，减少贸易技术壁垒，促进贸易便利畅通。

国务院办公厅《关于加快推进重要产品追溯体系建设的意见》（国办发〔2015〕95号）要求，在重要产品追溯体系建设过程中要发挥认证的作用，探索以认证认可加强追溯体系建设。鼓励有关机构将追溯管理作为重要评价要求，纳入现有的质量管理体系、食品安全管理体系、药品生产质量管理规范、药品经营质量管理规范、良好农业操作规范、良好生产规范、危害分析与关键控制点体系、有机产品等认证，为广大生产经营企业提供市场化认证服务。适时支持专业的第三方认证机构探索建立追溯管理体系专门认证制度。相关部门可在管理工作中积极采信第三方认证结果，带动生产经营企业积极通过认证手段提升产品追溯管理水平。

2. 我国认证认可制度及管理

（1）认证认可的定义

认证认可是国际通行的质量管理手段和贸易便利化工具。在了解认证认可之前，我们首先了解什么是合格评定。合格评定是指与产品（包括服务）、过程、体系、人员或机构有关的规定要求得到满足的证实。按照合格评定的定义，广义的合格评定包括认证、检测、检查和认可等活动；狭义的合格评定通常指认证、检测和检查等活动。合格评定的主要目的是给用户或消费者提供信任，即确定或证实材料、产品、服务、安装、过程、体系、人员或机构已经符合相关要求。

认证是指由认证机构证明产品、服务、管理体系符合相关技术规范的强制性要求或者标准的合格评定活动。认可是指由认可机构对认证机构、检查机构、实验室以及从事评审、审核等认证活动人员的能力和执业资格予以承认的合格评定活动。

（2）认证认可的作用

认证认可和标准化、计量、合格评定等质量基础设施作为广泛接受的工具，有助于提升供应链的价值，通过促进信任和增进保证，增强人们对产品和服务及其市场投放方式的信心。80%的贸易均涉及检测、校准、检验和认证活动(来源:经济合作与发展组织)，认证认可在降低贸易和经营成本方面有着重要的作用，能够促进技术转移和增加投资。认可还能帮助企业融入全球供应链，因为它可以通过必要的共同"技术语言"证实产品质量，在商业伙伴间建立信任(来源:世界银行)。

（3）认证认可的主要差异

①实施的主体不同。认可活动的主体是权威机构，一般是由政府授权的。目前，中国合格评定国家认可中心得到了国务院授权的中国国家认证认可监督管理委员会(CNCA)的正式授权。认证活动的主体是独立于供方和顾客的第三方，它可以是民间的、私有的，也可以是官方的。

②实施客体不同。认可活动的对象是合格评定机构，其目的是承认某机构或完成特定任务的能力或资格。认证活动的对象是产品或体系，其目的是证明某产品或体系符合特定标准规定的要求。

③实施效力不同。认证与认可是合格评定链中的不同环节，认证是对组织的体系、产品、人员进行的第三方证明，而认可是政府或其授权部门对合格评定机构能力的证实，二者不能互相替代。

（4）认证的类别

认证按对象分为体系认证和产品认证。体系认证是经认证机构依据管理体系标准对组织的管理体系进行检查、评定、确认并颁发体系认证证书来证明该组织的管理体系符合相应标准要求的活动。常见的体系认证包括ISO9001、ISO14000、OHSAS18000、HACCP、ISO22000认证等。

产品认证是依据产品标准和相应技术要求，以认证机构确认并通过颁发认证证书和认证标志来证明某一产品符合相应标准和相应技术要求的活动。常见的产品认证有CCC认证、E-Mark认证、UL认证、有机认证、GAP认证等。

（5）产品认证和体系认证的差异

①认证对象不同。产品认证的对象是批量生产的定型产品。管理体系认证的对象是申请认证方组织的质量管理体系，不考虑组织生产的产品。

②产品检验要求不同。产品认证要求在受审核方现场，按国家规定的抽样方法对认证产品进行抽样，送认证机构指定的检验机构对产品进行型式检验。管理体系认证不论初次认证、监督检查、扩大和复评认证都不抽样，不做产品型式检验。

③认证的性质不同。产品认证分为强制性认证和自愿认证两类。凡涉及人类健康和安全、动植物生命和健康以及环境保护和公共安全的产品必须按国家规定要求进行强制性产品认证。否则，不得出厂销售、进口和在经营性活动中使用。国家规定，凡是不属于强制性认证范围的产品，实行产品质量认证自愿的原则。质量管理体系认证全部实行自愿的原则。

④证明的方式不同。产品认证的证明方式是产品认证证书和产品认证标志，证书和标志证明该产品符合产品标准和认证条件的要求，而且只能一品一证，即一个单元只能发一张证书，该产品的认证证书对其他产品无覆盖性。质量管理体系认证的证明方式是质量管理体系认证证书和认证标记。证书和标记只证明该组织的质量管理体系符合质量管理体系标准的要求，证书中也不标明产品的质量等级，仅证明该组织有能力稳定地提供满足顾客和法律法规要求的产品。质量管理体系认证证书可以多品一证，即经认证机构确认符合要求的多个产品填写在一张证书上，它具有一证覆盖多个产品的属性。

⑤证明的使用不同。产品认证证书不能在产品上使用，认证标志可用于获

准认证的产品上。质量管理体系认证证书和认证标志都不能在产品上使用。

（6）认证的管理机构

①中央机构。中国认证认可监督管理委员会(CNCA）是由中国国务院设立，履行行政管理职能，统一管理、监督和综合协调全国认证认可工作的主管机构，隶属于国家市场监督管理总局管理。

②地方认证监督部门。各省、自治区、直辖市市场监督局为地方认证监督部门，在认证监督管理业务上接受CNCA指导。

③认可机构。中国合格评定国家认可委员会(CNAS）由国家认监委依法授权作为唯一的认可机构，是国际认可论坛(IAF）和太平洋认可合作组织(PAC）成员，负责对认证机构(包括其他认证机构）进行评价认可。

④认证机构。认证机构的设立需经CNCA批准，并经CNAS认可后方可在中国开展认证活动，外国认证机构在中国境内开展认证活动也要经过CNCA批准。

3．国际认证认可制度

（1）国际互认

认证认可是国际通行的质量管理手段和贸易便利化工具，有两个显著的国际化特征。一是国际上已建立了全方位的认证认可活动应遵循的标准和准则；二是国际上在诸多领域成立了认证认可国际合作组织，它们的宗旨就是建立国际统一的认证认可制度，在国际组织成员间实现一个标准、一次认证、一次认可、全球通行，如国际电工委员会电工产品认证体系IECEE，国际认可合作组织IAF。因此，按照国际规则开展的认证认可活动，特别是成为国际组织成员，认证认可证书很容易在各个国家得到承认，从而称为国际贸易的"通行证"。

我国已经加入了21个认证认可国际组织，对外签署13份多边互认协议、117份双边合作互认协议。据估计，认可体系覆盖的经济体占到了全球国内生产总值的96%(资料来源:世界经济论坛）。中国正在积极推动认证认可检验检测"市场化、国际化、专业化、集约化、规范化"发展，积极扩大国际合作互认，实现"一张证书，区域通行，全球互认"的愿景目标。

（2）全球食品安全倡议（GFSI）

随着食品贸易全球化，各国食品安全法规、标准的不统一已经阻碍了国际食品贸易的发展，使食品制造商难以应对。各国采购商往往依据自身制定的标准对食品生产企业实施审核。而这些审核由于缺乏国际认证和认可，审核结果难以比较，导致同一制造商需要接受多次检查。为解决这一问题，2000年5月，来自全球70多个国家的650多家零售生产服务商和利益相关方代表，共同创建了全球食品安全倡议(GFSI）组织，其目的是通过设立基准标准，协调现有食品安全标准，减少食品链的重复审核。

全球食品安全倡议（Global Food Safety Initiative，简称GFSI）是一个以行业为主导的行动组织，致力于为持续完善的食品安全管理体系提供指导，从而确保整个食品供应链的安全。目前获得GFSI认可的食品安全标准主要有：BRC食品安全全球标准（第八版）、国际食品安全标准IFS（第七版）、食品安全体系FSSC22000认证（第四版）、食品安全与质量SQF认证（第七版）、全球良好农业规范Global G.A.P认证、中国HACCP认证等。

中国从2007年起为了实现中国良好农业规范和欧洲良好农业规范的国际互认，CNAS积极参与China GAP和Global G.A.P.的历次基准比较工作。2009年实现了中国良好农业规范与GLOBAL G.A.P.的互认，这是我国首个获得国际互认的食品农产品认证项目。据统计，我国有超过1/3的出口农产品企业通过了中国良好农业规范或GLOBAL G.A.P.认证。

2011年，国家认监委发布了新版《危害分析与关键控制点（HACCP）管理体系认证实施规则》，HACCP认证实施规则在我国HACCP标准和认证制度的基础上，考虑了国际食品法典委员会（CAC）标准与GFSI认可的标准和要求，目前中国HACCP体系认证已经获得了GFSI等效性认可。

国际互认工作帮助出口企业跨越了国外技术壁垒，获得了广阔的市场空间，显著提升了我国农产品的国际市场竞争力，为我国农产品进入国际市场提供了便利。

4．追溯认证品种

目前，国内和国际农产品食品认证领域多个标准均涉及了可追溯体系要求，这对处于供应链不同阶段的企业在早期建立符合自身发展的质量安全追溯体系有重要的借鉴意义。如果选择了获得GFSI认可的标准，还可以得到国际互认，减少重复认证的成本。本节将选取部分标准，进行介绍。

同时，行业内领先的第三方认证机构响应国家号召，积极探索建立追溯管理体系专门认证制度。相关部门也已经在管理工作中尝试采信第三方认证结果，带动生产经营企业积极通过认证手段提升产品追溯管理水平。

（1）危害分析与关键控制点（HACCP）体系认证

①HACCP体系的起源与发展。为促使中国食品安全管理与国际接轨，增强中国食品企业国际竞争力，中国国家认监委于2002年发布了《食品生产企业危害分析与关键控制点（HACCP）管理体系认证管理规定》，正式在中国推行HACCP体系认证。

②HACCP体系认证的要求。中国HACCP体系包含管理要求、良好操作规范、卫生标准操作程序、人力资源保障、食品防护计划、前提计划和HACCP计划、可追溯等多部分内容。

③HACCP体系的适用范围。国家认监委2011年12月发布了《危害分析与关键控制点（HACCP）体系认证依据与认证范围》，规定了HACCP体系的适用范围。

（2）国际食品安全标准（IFS）认证

①国际食品安全标准的起源与发展。德国零售业联合会（HDE）和法国批发和零售联合会(FCD)为了用统一的标准评估供应商的食品安全与产品质量管理体系，在2003年共同起草了零售商品牌食品质量与安全标准，即国际食品标准(International Featured Standard，IFS)。国际食品标准作为一项由零售商发起的食品质量和安全标准，普遍被德国及法国零售商接纳，是获得GFSI认可的食品安全管理体系标准之一。

目前正在使用的标准为第六版IFS标准，于2012年7月1日正式实施。IFS在全球90多个国家拥有135个成员组织，在全球发证数量约16000张。

②国际食品安全标准的要求。IFS标准涵盖HACCP、品质管理、产品控制、流程控制、工厂环境、可追溯及人员管理等内容。除一般的具体要求外，IFS还有一种非常重要的要求。在IFS中，有特殊要求的条款被确定为KO

要求。如果审核期间审核员发现企业的这些要求不符合，将导致不能通过审核、认证被撤销或暂停。被认定为KO要求的条款有10项，包括：高层管理者的职责； 每个关键控制点的监控体系；个人卫生；原材料规范；配方符合性；异物管理；可追溯体系；内部审核；撤回和召回程序；纠正措施。

③国际食品安全标准的适用范围。国际食品安全标准适用于所有出农场后的食品加工和物流运输过程。IFS标准与其他国际食品安全标准最大的区别在于：IFS标准包含食品物流标准。IFS物流标准适用于食品物流过程中运输工具、装载、卸载、运输、管理、分销等各个物流活动。假如一家食品加工企业有自己的物流和运输部门，此部门也需要达到IFS国际食品标准中相应章节对运输和库存的要求。如果后勤和运输活动由第三方物流公司代理，则第三方物流公司则需要按照IFS物流标准进行认证。

（3）BRC食品安全全球标准认证

①BRC食品安全全球标准的起源与发展。英国零售商协会（British Retail Consortium–BRC）是一个重要的国际性贸易协会，其成员包括大型的跨国连锁零售企业、百货商场、城镇店铺、网络卖场等各类零售商，涉及产品种类非常广泛。

1998年，英国零售商协会应行业需要，发起并制定了BRC食品技术标准（第一版），用以对零售商自有品牌食品的制造商进行评估。该标准发布后不久即引起食品行业组织的关注，目前已经成为该行业良好操作规范的样本。该标准在英国乃至其他国家的广泛应用使其发展成为一个国际标准。它不但可用以评估零售商的供应商，还被众多公司作为基础准则，以此建立自己的供应商评估体系及品牌产品生产标准。目前，已在全球100多个国家颁发了BRC证书，总发证量约为18000张，其中在中国BRC证书的发证数量约1500张。

2000年，BRC食品安全全球标准成为第一个被全球食品安全倡议组织(GFSI）认可的标准。

②BRC食品安全全球标准的要求。BRC标准与其他食品安全标准不同，对要求进行了划分，除了一般的具体要求外，BRC还有两项非常重要的要求：一是意向声明，二是基本要求，包括：高级管理层的承诺和持续改进，

食品安全计划-HACCP，内部审核，纠正措施，可追溯性，布局、产品流和隔离，内务管理和卫生，过敏原管理，操作控制，培训。

③BRC食品安全标准的适用范围。BRC标准适用于生产或制作的产品，也包括生产过程需要直接控制的贮藏设施。BRC制定了各类标准，以规定食品和消费品生产、产品所用的保护性包装以及这些产品存储于分销的要求。其他BRC标准对食品安全标准形成补充，并且为供应商审核和认证提供资源。BRC包装与包装材料全球标准是规定食品和消费品材料生产要求的审核标准。BRC存储分销全球标准是规定包装与非包装食品产品、包装材料和消费品存储、分销、批发和合约服务要求的审核标准。BRC消费品全球标准是适用于消费品生产和装配的审核标准。

（4）全球良好农业规范（Global G.A.P）认证

①Global G.A.P的起源与发展。全球良好农业规范（Global G.A.P），原名是欧洲良好农业规范（Eurep G.A.P），是1997年由非官方组织欧洲零售商协会发起，并组织零售商、农产品供应商和生产者制定的有关农业生产的标准。其目的是促进良好农业操作规范发展，确保农产品的质量与安全。鉴于良好农业规范在国际上的影响日益扩大，经零售商和供应商的同意，于2007年9月正式将欧洲良好农业规范更名为全球良好农业规范（Global G.A.P），2015年Global G.A.P第五版标准正式发布，并于2016年7月1日起正式实施。目前，Global G.A.P认证也是GFSI认可的标准之一。

②Global G.A.P的要求。Global G.A.P对农产品种植、养殖过程的可追溯性、食品安全、环境保护、员工健康安全和福利以及动物福利等提出综合性要求，规范了农产品生产操作流程，提升了消费者对Global G.A.P认证产品的信心，促使Global G.A.P认证成为欧盟成员国农业生产可持续发展的基本要求。

③Global G.A.P的适用范围。Global G.A.P作为初级农产品生产使用的标准，目前适用的产品主要包括大田作物、水果、蔬菜、花卉、咖啡、畜禽养殖、水产养殖等主要农产品。Global G.A.P可分为农场基础、种类基础和产品模块标准三类，在实施认证时，应将农场基础标准、种类标准和产品模块标准结合使用。对某个产品的认证应同时满足农场基础标准及其对应的种类标准和

产品模块标准的要求。例如，对番茄进行认证应依据农场基础、作物基础和水果蔬菜标准进行检查。

Global G.A.P证书是农产品的生产过程严格遵循欧洲GAP的标志，获得认证的企业和个人的相关信息会被发布到Global G.A.P的网站上。在中国，因为我们已经实现了互认工作，在国内向获得授权的第三方认证机构申请China G.A.P认证，可以一评双证，直接颁发GLOBAL G.A.P认证证书。

（5）有机认证

有机农业是指遵照一定的有机农业生产标准，在生产中不采用基因工程获得的生物及其产物，不使用化学合成的农药、化肥、生长调节剂、饲料添加剂等物质，遵循自然规律和生态学原理，协调种植业和养殖业的平衡，采用一系列可持续发展的农业技术以维持持续稳定的农业生产体系的一种农业生产方式。

有机产品必须同时具备四个特征：第一，原料必须来自有机农业生产体系或采用有机方式采集的野生天然产品；第二，整个生产过程遵循有机产品生产、加工、包装、储藏、运输等要求；第三，生产流通过程中，具有完善的跟踪审查体系和完整的生产、销售档案记录；第四，通过独立的有机产品认证机构的认证审查。中国有机产品认证是依据中国相关法律法规所实施的国家自愿性认证业务，认证依据为GB/T 19630《有机产品》国家标准，包括生产、加工、标识与销售、管理体系四个部分。

（6）可追溯体系认证

可追溯体系认证是中国质量认证中心（以下简称CQC）依据我国相关法律法规，结合我国食品链内各组织的可追溯要求和政府对于可追溯的认证倡议而推出的认证业务，旨在为食品链内的相关组织提供可追溯的第三方认证活动，以满足组织向社会证明其产品的可追溯能力。认证依据为CQC GF KZS1001-2016《可追溯体系要求》和MSP111《可追溯体系认证管理方案》。

可追溯体系认证范围包括食品链内的各种组织，具体包括农产品生产者、食品生产企业、食品包装材料生产企业、饲料生产企业、餐饮提供者、仓储物流服务者等。目前已为鲁花集团、洽洽食品股份有限公司、厦门银祥肉业有限公司、厦门茶叶进出口有限公司等公司颁发了认证证书。

认证模式：初始现场审核+获证后监督审核。

现场审核内容：CQC GF KZS1001-2016《可追溯体系要求》。

认证流程：申请受理、现场审核、合格评定、认证批准。

（7）可追溯供应商评价

中国检验认证集团（以下简称CCIC）山东公司依据山东省商务厅提出、山东省标准化协会发布的团体标准T/SDAS 9-2016《食用农产品合格供应商通用规范 果蔬》，编制了《山东省食用农产品可追溯供应商评价技术规范》。该细则规定了评价方法、评价指标、评价决定等要求，对于消费者关注的商品追溯过程中的信任问题，有针对性地设置了包括管理要求、原料基地、供方管理、加工过程、检测、贮运与销售、信息化、追溯能力验证、产品检验要求、绩效目标实现十个方面，（60项）评价小项。

评价内容包括追溯有关文件的建立情况，追溯过程数据的关联性、真实性，追溯体系运行有效性。重点关注（但不限于）以下内容：

①质量控制要求；

②产品检验要求；

③可追溯体系要求；

④追溯目标适宜性；

⑤追溯范围、追溯信息、追溯最小单元；

⑥可追溯方案；

⑦召回管理；

⑧关键管控指标；

⑨可追溯抽样验证；

⑩溯源信息编码与载体；

⑪追溯信息上传及时性、准确性。

采用风险评估的方法，进行分级评价、动态管理。根据山东省商务厅《食用农产品可追溯供应商通用规范》，对申请人进行评价。

5. 追溯体系认证实践

山东省商务厅结合全国重要产品追溯体系建设示范工作，在国内首次提出食用农产品可追溯供应商概念。CCIC山东公司作为山东省商务厅食用农产品可追溯供应商体系评价第三方机构，负责配合山东省商务厅完成食用农产品可追溯供应商溯源体系及产品评价验收工作。自2017年11月中旬至12月上旬完成11个地市近40个区县49家企业的评价工作，为确保验收活动公平公正公开，CCIC山东公司根据体系建立要求，编制了科学的评价标准，并将项目分解为策划、启动、实施三个阶段，对49家企业进行了实地考核、抽样检测、信息系统验证以及绩效目标达标情况考核，出具49份验收报告，圆满完成山东省可追溯供应商评价任务。主要成果和创新包括：

第一，首次在全国对可追溯供应商体系建立及评价提出了指导性标准，明确了准入要求。《山东省食用农产品可追溯供应商评价技术规范》指出消费者重点关心的信任问题，例如产品来源、产品质量、数据真实性等问题。将商品追溯中的关键因素，批次的定义、批次管理作为重点；对于物料的移动、储存、混合、加工、销毁等过程信息一一评价；对于以往追溯较少涉及的追溯最小单元、覆盖的产业链环节边界、追溯的时效要求、回收率、追溯信息与信息化的应用及结合情况均进行了明确界定。通过本次评价，示范企业均建立了可追溯体系文件。在追溯目标、追溯范围、追溯单元、追溯信息等方面建立了相应的追溯程序，初步建立基于标准化的追溯体系。

第二，首次在全国对食用农产品供应商提出"溯源+检验检测认证"的质量治理模式，将质量评价活动与供应商追溯相融合，助推山东省重要商品追溯质量共治。

CCIC利用自身优势，将检验检测认证体系与商品溯源体系融合发展，推动质量管理通用要求与食用农产品行业特殊要求相结合，积极开发新兴质量管理工具。以CCIC全球商品溯源云平台为支撑，以CCIC遍布全球的网点、商品检测实验室为线下操作实体，综合运用实地验证、商品检验检测、认证、工厂检查等手段，对商品的产地、质量、特定属性等进行第三方评价验证，并利用防伪、二维码等技术，将验证信息与商品进行匹配，通过互联网和信息系统实现商品来源可查询、可追溯。

结合山东省可追溯供应商信息平台，对49家验收企业按要求核实，并与"山东省重要商品追溯可追溯供应商子平台"信息对接。截至2017年12月，49家验收企业按要求均已与省级平台对接。企业已陆续使用该系统，62.5%的企业当前录入信息超过20条，追溯数据的共享交换机制初步形成。CCIC推动质量管理向全供应链生命周期延伸，实现溯源服务从"传递信息"到"传递信任"的延伸。

第三，通过评价提升可追溯供应商产品质量和品牌信誉，推动社会广泛采信评价结果。通过健全质量认证评价激励引导机制，鼓励企业自愿参与评价认证，推行企业承诺制，接受社会监督，推动在市场采购、行业管理、行政监管、社会治理等领域更广泛地采信认证评价结果。为达到可追溯供应商标准要求，山东省商务厅鼓励生产经营企业积极通过认证手段提升产品追溯管理水平。一是企业更加重视基地质量管理水平，在基地管理方面均按照有机、绿色认证标准建立体系，从源头提高了管理水平。通过本次评价，98%以上的企业达到绿色及有机认证标准。二是企业自有基地比例显著提高。参与此次评价的企业自有基地达到39家，占总量的80%；合同基地有10家，占总量的20%。三是企业自检自控能力不断加强。49家验收企业均建立起自检自控体系。对49家评价单位申请的83个品种进行抽样检测，除5家企业的8个产品不在收获季未取样外，其余75个产品经第三方实验室检测，结果均合格。

第三部分 建设篇

第五章　企业追溯体系建设基本要求

一、基本原则与目标

企业构建的重要产品追溯系统，应确定产品的来源、流向及其在供应链中的位置，有助于查找问题产品的原因，并提高企业撤回或召回产品的能力。

1．基本原则
（1）合规性

追溯体系的设计、实施、管理、运行应符合国家相关法律法规、政策制度与有关标准规范的要求。

（2）完整性

根据产品所涉及产业链的特点并考虑可操作性，追溯信息应覆盖本企业涉及的重要产品原料、加工、仓储物流、销售、消费等可控环节，合理确定外部追溯范围，向前追溯到原材料供应商，向后追溯到产品的直接接收者。

（3）相关性

应结合检验检测与认证技术，将追溯体系纳入到企业质量安全管理体系统筹考虑，提高产品全过程的质量管理能力。

（4）经济性

企业应充分考虑追溯体系的建设预算、耗材与人员等运行维护成本以及追溯体系建设所预期达到的效果，利用投入产出法等方法测算追溯体系建设的经济可行性；尽可能与质量管理、财务管理、仓储管理、市场管理等经营管理信息系统统筹规划、有效衔接，以节约追溯系统建设及后续运维应用的投入。

（5）共享性

企业建设的追溯系统应实现追溯信息的分类管理，向消费者、相关政府部门及相关企业等追溯用户按需求、按权限提供追溯信息。

2．建设目标

企业在建立重要产品追溯系统时，应明确追溯目标，主要从以下方面考虑：

（1）提高企业管理能力

企业应结合产品生产经营质量安全管理体系，进行追溯系统设计，确定产品的追溯精度（追溯到个体还是批次等），追溯信息的采集指标与数据共享等关键内容，以确保实现质量安全管理目标。

（2）应急处置问题事件

追溯系统应能保证发生产品问题时，可以快速确定重要产品的来源、流向及供应链上有关责任主体，便于采取产品召回、销毁等处理措施。

（3）满足顾客要求

企业建设追溯系统时，应为下游客户或消费者提供足够的产品查询信息，便于与上下游相关方、消费者、政府部门沟通信息，增强供应链协作效能。

二、体系设计与策划

1．设计步骤

在设计重要产品追溯体系时，根据需要实现的追溯目标，企业应明确：

①追溯单元；

②企业在产业链的位置；

③物流流向和追溯范围；

④追溯信息；

⑤标识和载体；

⑥记录信息和管理数据的要求；

⑦追溯执行流程。

2．文件要求

（1）文件内容

文件内容应包括：

①可追溯体系目标；

②产品物料流向；

③企业在产业链中的位置；

④产品批次定义；

⑤最小追溯单元；

⑥追溯范围；

⑦追溯信息要求；

⑧标识和编码定义；

⑨追溯响应方案；

⑩信息和数据管理要求；

⑪可追溯体系职责；

⑫可追溯体系所需记录。

（2）文件控制

企业应明确可追溯体系相关文件的编制、评审、批准、发放、传阅、作废、回收、储存、更改的要求。

（3）记录控制

记录应保持清晰、易于识别和检索，保存期限应满足相应的法规要求。采用电子信息手段存储的，应建有备份系统。应注意的是：文件与记录的形式可以是纸质文件、电子记录或信息化系统，尽可能采用信息化方式记录；对于已经建立管理体系的企业，可将追溯体系文件与记录控制纳入原有管理体系。

3．企业内部和追溯参与方之间的协作

追溯管理者应确保对企业上下游、政府监管部门等不同追溯参与方之间实施的外部追溯和内部追溯的各个设计要素能够进行有效沟通与协作，从而

确保重要产品追溯体系的有效性。

三、体系实施

1．确定追溯单元

企业应明确重要产品追溯体系目标中的产品和（或）成分，对产品和批次进行定义，划分追溯单元，确定重要产品原料、加工、仓储物流、销售、消费等各环节的追溯精度。

2．明确企业在产业链中的位置

重要产品产业链覆盖原料、加工、仓储物流、销售、消费等环节，企业应通过识别上下游企业来确定其在产业链中的位置，明确交易产品和业务，理清企业与供应链上下游企业之间的关系，以便于产品及信息的协调和沟通。

3．明确物流流向和追溯范围

企业应明确追溯体系所覆盖的物流流向，包括但不限于：源于外部的过程和分包工作；原料、辅料和中间产品投入点；企业内部操作中所有步骤的顺序和相互关系；最终产品、中间产品和副产品放行点。

企业依据追溯单元流动是否涉及到不同企业，将追溯范围划分为外部追溯和内部追溯。外部追溯按照"向前一步、向后一步"的原则实施，以实现企业之间和追溯单元之间的关联为目的，由企业上下游、政府监管部门等不同追溯参与方协商共同完成。内部追溯与企业现有管理体系相结合，以实现内部管理为目标，可根据追溯单元特性及企业内部特点自行决定。

4．确定追溯信息

企业根据不同追溯范围确定需要记录的追溯信息，确保重要产品可追溯。追溯信息分为基本追溯信息和扩展追溯信息。追溯信息划分和确定原则见表5-1。

表5-1 追溯信息划分和确定原则

追溯信息	追溯范围	
	外部追溯	内部追溯
基本追溯信息	以明确企业间关系和追溯单元来源与去向为基本原则 能够"向前一步、向后一步"链接上下游企业的必需信息	以实现追溯单元在企业内部的可追溯性、快速定位物流向为目的 能够实现企业内各环节间有效链接的必需信息
扩展追溯信息b	以辅助基本追溯信息进行追溯管理为目的，一般包含产品质量与安全信息或商业信息	更多为企业内部管理、产品质量与安全信息和商业贸易服务信息
注：基本追溯信息必须记录，以不涉及商业机密为宜 　　宜加强扩展追溯信息的交流与共享		

5．确定标识和载体

（1）编码规则

可追溯体系的编码规则可参照国家现行编码规则的规定执行，编码应能达到实现追溯目标的要求。

（2）标识要求

①对追溯单元进行唯一标识，标识代码与其相关信息的记录一一对应。追溯标识中应包含解析服务器地址信息和产品追溯编码信息。

②企业根据自身技术条件、追溯单元特性和实施成本等因素选择标识载体。追溯标识应清晰、完整、未经涂改。

③追溯标识可直接附在产品包装上，也可附在产品的托盘或随附文件上，直到被消费为止。

④追溯标识应清晰、完整、未经涂改。

⑤追溯标识中应包含解析服务器地址信息和产品追溯编码信息。

⑥贴装、喷涂或印刷追溯标识时，同一品种或同一包装应保持一致。

⑦应保证标识载体不会对重要产品及其相关产品造成污染。

⑧标识载体不能因搬运或其他因素而被磨损或消失，追溯标识不能被转移、复制。

6. 确定记录信息和管理数据的要求

企业应规定数据格式，确保数据与标识相互对应。根据技术条件、追溯单元特性和实施成本等因素，确定记录信息的方式和频率。

数据的保存和管理包括但不限于：数据管理人员及其职责、数据的保存方式和期限、标识之间的联系方式、数据传递方式、数据检索规则、数据的安全保障措施。

生产加工过程宜配有工业自动化设备及信息化管理系统对追溯信息进行采集与存储。

生产加工过程和零售各环节宜配有追溯编码读取设备，通过信息管理系统实现追溯编码与各环节的可追溯信息的关联。

在消费环节，消费者根据产品追溯标识及追溯编码可查询追溯信息中的公开信息。

在召回环节，宜配有便于操作的采集登记设备，便于在产品召回过程对产品进行扫码登记。

7. 明确追溯执行流程

当有追溯要求时，应按如下流程进行：

①发起追溯请求。任何企业均可发起追溯请求。

②响应。当追溯发起时，涉及到的企业响应追溯请求，将追溯单元和企业信息提交给与其有关的企业，以便顺利进行追溯。追溯沿产业链逐环节进行，直到查出结果为止。

③采取措施。若发生安全或质量问题，企业应依据追溯界定的责任，在法律和商业要求的最短时间内采取适宜的措施。包括但不限于：快速召回或依照有关规定进行妥善处置，纠正或改进可追溯体系等。

8. 明确人员职责和培训要求

企业应确定并配备实施追溯体系所需人员，指定企业高层管理人员担任追溯管理者，明确追溯体系岗位的职责和权限，以确保追溯体系的有效运行。

企业应制订追溯体系培训计划，规定培训的频次及方式，提供充分的培训，确保追溯体系工作人员具备相关能力素质。

9．明确追溯信息查询要求

扫描方式：用户使用智能设备扫描商品包装上的追溯标识获取信息，自动向解析服务器地址发出请求，解析服务器对追溯编码进行合法判断并返回查询结果。

输入方式：用户根据商品包装上印刷的追溯编码，通过查询平台直接输入，向解析服务器地址发出请求，解析服务器对追溯编码进行合法判断并返回查询结果。

10．明确追溯信息管理要求

（1）信息存储

应建立追溯信息管理制度。纸质追溯信息宜及时进行电子化存储或录入追溯信息系统，电子追溯信息应做及时可靠的备份。

追溯信息的保存期限应比最终产品的保质期长2年。最终产品保质期不足2年的，追溯信息应保存2年。

（2）信息传输

在保障数据安全与完整性的前提下，追溯信息的传输宜尽量采用自动化、信息化的方式进行。

各追溯节点应按需求做好追溯信息共享，追溯信息应及时上传政府监管平台，实现追溯信息共享。

（3）信息安全

追溯信息安全管理应符合国家有关信息安全的管理规定和相关标准要求，应具备防篡改、防攻击、控制访问权限等安全防护功能，确保追溯系统安全运行。

（4）信息共享

在有追溯需求的情况下，各追溯参与方应根据法律法规要求，如实提供相关追溯信息。

　　各追溯参与方应在不侵犯其他追溯参与方知识产权和信息安全的情况下共享追溯信息。

　　追溯信息应确保能够被上传至追溯管理平台/追溯服务平台、相关产业链企业管理系统，实现信息共享。

四、体系评价

1．监测评价

（1）通则

　　企业应采取适宜的方法对追溯体系实施过程进行监测，并在适宜时进行测量，以验证追溯的有效性。有效性是指追溯体系建立实施后，可在任何时间、任何环节、任何状态下，实现向前或向后的追溯，同时获得信息准确、信息完整的追溯结果。

（2）追溯演练

　　企业应建立、实施和保持一个追溯演练方案，包括演练的频次、方法、职责、策划的要求和效果评价方式。

　　企业应按策划的时间间隔实施可追溯演练，以验证追溯体系的有效性。在通常情况下，一年不得少于一次。

（3）关键绩效指标

　　企业应建立追溯体系的关键绩效指标，以评估追溯体系的有效性。具体包括：

　　①需要监测的对象；

　　②监测、分析和评估的方法，以便在必要时确保结果的有效性；

　　③实施监测的时机；

　　④分析和评价监测结果的时机；

　　⑤开展监测结果分析与评估的责任人。

　　企业应保留适当的成文信息，作为结果的证据。

　　作为衡量追溯体系能力和有效性的参数，至少应考虑如下内容：

　　①追溯时间；

②产品追溯演练的回收率；

③原材料和成品的实际追溯范围；

④原材料和成品的最小追溯单元；

⑤追溯信息的完整性。

2．内部审核

企业应按照策划的时间间隔进行内部审核，以确定追溯体系是否符合企业所建立的追溯体系的要求和本标准的要求、是否得到有效实施。根据有关过程的重要性和以往审核结果，策划、实施审核计划和程序。内部审核计划和程序的内容包括但不限于：

①审核的准则、范围、频次和方法；

②策划、实施审核、报告结果和保持记录的职责和要求；

③收集、分析审核结果的数据，识别体系改进或更新的需求。

3．管理评审

最高管理者应按照策划的时间间隔对追溯体系进行评审，以确定其持续的适宜性、充分性和有效性，并与企业的战略方向保持一致。

五、体系改进

当证实追溯体系运行不符合或偏离策划的要求时，企业应采取适当的纠正措施和（或）预防措施，并对纠正措施和（或）预防措施实施后的效果进行必要的验证，提供证据证明已采取措施的有效性，保证体系的持续改进。

改进包括但不限于：

①停止不正确的工作方法；

②修改追溯体系文件；

③重新梳理产品流向；

④增补或更改基本追溯信息以实现产品链的可追溯性；

⑤完善资源与设备；

⑥完善标识、载体，增加或完善信息传递的技术和渠道；

⑦重新学习相关文件，有效进行人力资源管理和培训活动；

⑧加强上下游企业之间的交流协作与信息共享；

⑨加强企业内部的交流互动。

六、关键技术

经过对当前各类追溯系统进行分析总结，国内追溯领域关键技术主要包括产品标识技术、多源信息采集、综合辅助决策、大数据应用、云计算等方面。

在产品标识技术研究方面，考虑到各类重要产品的特点，主要是针对一维条码、二维码、无线射频识别等标识技术进行了大量的对比研究。此外，还有部分研究是基于生物特征的产品标识技术（如DNA、自体免疫性抗体标签、鼻纹、视网膜和面部识别技术等）在重要产品追溯中的应用潜力。

在多源信息采集方面，需要针对重要产品在生产、物流及销售等三个关键环节开展全流程、全方位的信息采集，因此研发低成本、低耗能和部署灵活的信息采集装置成为重点方向。由无线传感器网（WSN）发展而来的现代物联网（IoT）技术为重要产品（例如农产品、食品、农业生产资料等）信息采集与更新提供了有力支撑，各种便携终端（如手机）的快速发展，也为信息采集和更新提供了便捷条件。

在综合辅助决策方面，随着信息技术与通信技术的快速发展，基于实时监测的预报预警系统和人工智能决策逐渐成为可能。目前，已经有应用卫星遥感技术、图像识别技术、人工智能技术等，对大宗农作物、果园、大田蔬菜、温室作物的生长环境和生长过程进行控制，对作物收成进行预报，对作物品质进行机器快速分类、分等。

综合来看，当前重要产品追溯研究朝着更加丰富追溯信息、更加完善追溯手段的方向努力。基于区块链、云平台，运用云计算、边缘计算以及人工智能等技术，实现多平台、多终端的重要产品追溯信息采集、更新、辅助决策以及信息查询，是重要产品追溯研究领域的技术热点方向。以下选择几项经常用到的关键技术进行介绍。

1．编码与标识

编码是指用一组数字和字母的组合来标识物品的过程，通过编码可形成统一的规范，提高企业对物料的管理效率，降低部门或者供应链企业之间的沟通成本。因此，在产品追溯的过程中，编码规则的制定十分重要。编码应遵循如下原则：

（1）完备性

一个应用系统中的编码方案，必须能够对所有可能发生的项目给以确定的编码（尽管绝对的完备并不可能，但是一个好的方案应该具有足够的前瞻性，能够使用较长的时间）。

（2）唯一性

唯一性是编码的基本原则，即不同的产品必须分配不同的标识代码，产品的标示码应是全球唯一的。基本特征相同的商品被视为同一类商品项目，基本特征不同的商品被视为不同的商品项目，否则编码就失去了对物品的标识功能。

（3）永久性

编码一经确定，其所对应的产品类别项、产品序号、产品生产厂家识别项等标识内容就被永久地确定，无论这些类别项的定义在将来是否继续使用还是废除。

（4）无含义性与标识代码相结合

物品标识代码中的每一位数字均不表示任何与商品有关的特定信息，有含义的编码通常会导致编码容量的损失。编码应该与原实体代码相结合。

（5）通用性

通用性是衡量编码体系适用范围的重要指标。在制定编码时，应尽量采用国家或国际编码标准，这样不仅有利于编码的扩展，也有利于减少行业内各应用系统之间由于编码不统一而带来的不兼容问题。

在重要产品追溯体系建设中，常用的编码包括：

（1）责任主体代码

主要包括自然人和法人主体两类，分别使用身份证（或有关身份证件的号码）和统一社会信用代码表示。

（2）国民经济行业分类与代码

确定企业所属行业类别，一般使用《GB/T 4754-2017 国民经济行业分类与代码》。

（3）产品分类与代码

确定产品所属的类别，一般使用《GBT 7635.1-2002 全国主要产品分类与代码 第1部分 可运输产品(上、下)》。

（4）商品条码

唯一标识某种商品的代码，可以用于产品的批次追溯，或作为产品追溯码的部分构成。

（5）产品追溯码

唯一标识某个商品的代码，主要用于个体追溯。

除以上编码外，还包括各种产品检验检测证代码、仓储物流单元代码等。总之，通过各种编码与标识技术，将追溯过程中涉及的各类主体、客体、位置、行为关联，构成了追溯的技术基础。

2．无线射频识别

无线射频识别（RFID）是一种通过阅读器发射的无线射频信号自动识别标识对象并获取其携带信息的技术，属于非接触式的自动识别技术，能够快速地对物品进行识别和信息的读写，一般由阅读器和能够附着于标识对象上的标签（电子标签）组成。其原理是利用电磁耦合原理，通过无线射频信号，把存储在标签中的信息发送到阅读器中。与条形码需主动收集条码信息不同，能够实现标识对象信息的被动收集。

与其他自动识别技术如生物识别、磁卡、条形码、IC卡相比，RFID具备非触式的读写、机械磨损小、识读距离可调（从几厘米到十几米）、使用寿命长、对高速运动物体的识别快、环境适应性强、操控容易以及多个标签的同时识别等诸多技术特点。因此，其在企业的信息化改造和自动化控制中具有广泛的用途，目前已成为大多数企业在自动识别技术应用的中首选技术。目前其已经在多个领域得到应用，如生产制造业、交通运输、物流、农业、医疗服务等并将不断地融入到更多的领域。同时，限制技术大面积推广的标签成本问题，得益于大规模集成电路技术的发展以及不断推广应用所带来的规模效应，其成本正在不断地降低。因此，RFID的应用必将越来越广泛。

典型的系统一般包含射频标签、读写器和计算机系统三部分。其中射频标签由电磁耦合模块和存储芯片组成，而存储芯片中的数据则由只读段和可读写段两部分组成；读写器是对电子标签进行信息读取和写入的装置（主要有手持式和固定式），它能够通过无线网或者有线网与计算机系统连接从而完成数据的存储和信息的管理。计算机系统除完成读取标签信息的存储和管理以及对该标签合法性进行判断外，还能够对阅读器进行控制，如控制其对标签的读写操作等。

（1）RFID标签

标签是由射频耦合元件及存储芯片组成，每个标签具有全球唯一的电子编码，该编码被烧制在芯片的系统数据区并不可篡改。而用户数据区则可以进行读写和覆盖操作，因此，标签可以被附着在物体的表面以便标识和记录目标对象的信息。它可以分为有着简单存储功能的数据载体和可编程微处理的器数据载体。简单存储功能的数据载体能实现寻址和安全逻辑的功能，是在芯片上的运用状态机，而可编程处理器的数据载体则是将标签中的状态机用微处理器代替了。

（2）读写器

读写器具有读取和写入数据的功能，对标签的操作分为读取全球唯一序列号、读取和写入用户数据（通常是物品的标识信息）。作为数据采集的终端，它通常并不是直接与计算机系统进行连接，而是通过中间件进行数据交换。读写器的基本功能就是通过天线与电子标签进行数据传输，完成对标签数据的读出和写入操作。此外，读写器还可以完成较复杂的操作，如信息控制、多标签的防碰撞、标签校验等。故电子标签中除会存储标识对象的识别信息外，还会存储一些附加信息，如校验信息等。典型的读写器包含有射频模块（接收机和发送器）、接口单元、控制单元和读写器天线。目前，许多读写器还附加了一些额外的接口，如网络接口、传感器接口等，提供多种数据传输方式，方便与计算机系统对接。

（3）计算机系统

计算机系统主要完成读取到的标签信息的处理、存储、管理以及控制读写器的读写操作，它是系统数据处理的核心。根据读写器传输的数据进行处理或者将信息传递给系统其他模块进行下一步处理，如果是复杂的系统，还要进行身份验证、加密解密等。目前，各个厂商的产品标准并不统一，因此不同类型产品具有不同的数据接口。此外，各个厂商还提供一组针对特定产品的可用于系统开发的软件工具或接口函数。

RFID技术环境适应性强，具备良好的耐用性，数据存储量大，可实现远距离、快速、多目标的自动识别。因此，射频识别技术所具有的独特优势，使得射频识别技术能够很好地应用于产品信息追溯过程中，用于标识生产线物品、包装或周转箱等，在效率、易用性等方面具有相对的技术优势。

3．二维码

由于一维条码存在可携带的信息容量无法满足商品描述的信息容量需求，只能对商品进行标识，具有依赖电脑网络和数据库系统且条码需占用较大面积等不足。与一维条码相比，二维条码携带的信息量大得多，其完全可以脱离后台数据库使用。因为二维条码本身具备存储信息的能力，即直接阅读便可得到信息，因此也被称为便携式数据文件，在没有网络和数据库的情况下可通过扫描条码获得商品信息。与一维条码相比，其纠错能力要强大得多，并且具备防伪功能，从而提高了信息的安全性。二维条码是用某种特定的几何图形按一定规律在平面（二维方向）分布的黑白相间的图形，用于记录数据符号信息。二维条码的代码编制采用的仍然是二进制和比特流的概念，即对每一种几何图形都用一组二进制数字表示，通过将若干图形进行组合来表示文字或数值信息。它与一维条码技术存在一些共性：不同的码制都有自己相对应的字符集；每个字符占有一定的宽度；具有一定的校验功能等。它也有自己的特性：高密度性、抗磨损性、超强的纠错功能、可表达文字和图像等多种信息、引入了加密机制、自动识别信息及处理图形旋转变化等特点。此外，由于具备二维（横向和纵向）同时表达信息的能力，故其单位面积内携带的信息量更大。

按照码制的实现原理、图形结构的不同进行分类，可以将二维条码分为三类：堆积式二维条码、棋盘式二维条码和邮政码三大类。其中，堆积式（也称为层叠式）二维条形码的编码原理是在一维条码的基础上发展而来的，它是由多行高度变窄的一维条码按需要组合而成，其继承了一维条码的诸多特性，但在纵向识别、数据解码的算法上有所不同。较具代表性的堆积式二维条形码有PDF417、Code16K、Supercode等。棋盘式二维条码又称为矩阵式二维条形码，是由矩阵图形组合而成。每个矩阵位置对应出现点或不出现，即棋盘式二维码所表示的信息是由这些点的排列组合所确定的。点的形状没有具体要求，可以是方的、圆的或者其他形状。由于棋盘式二维码在图像处理技术、码制原理等方面与传统的条形码有较大的差异，因此，把它称为条形码有点牵强。具有代表性的矩阵式二维条形码有Datamatrix、Maxicode等。目前使用的二维条码有几十种，包括PDF417、Datamatrix、QR Code等码制。

PDF 417　　　　　DM码　　　　　GM码

QR 码　　　　　Code 49　　　　　Code 16K

图5-1　二维条码码制

二维条码采用两种方法进行识读：一种是透过线型扫描器逐层扫描解码，能够对堆叠式二维条形码进行识读；另一种是透过照相和图像处理进行解码，适用于对堆叠式二维条形码和矩阵式二维条形码进行识读，如面型扫描器就是采用这类解码方法。

二维条码具有储存量大、保密性高、追踪性高、抗损性强、备援性大、成本低等特点，在部分产品信息追溯过程中起到了不可替代的作用。

4．生物识别

生物识别技术主要应用于识别追溯责任人，或用于某类生物追溯。例如，澳大利亚对于牛肉追溯采用了基因识别技术。

（1）指纹识别

指纹是指人的手指末端正面皮肤上的一些凹凸不平的乳突线，每个指纹都有几十个独一无二、可测量的特征点，而每个特征点大约都有5至7个特征，因此10个手指指纹图像便产生最少数千个独立可测量的特征（如图5-2所示）。

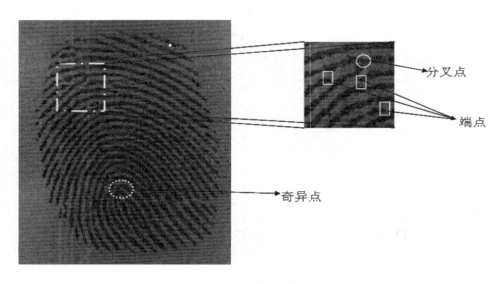

图 5-2　指纹图像及细节点特征

一个典型的指纹识别过程分为在线和离线两个部分（如图5-3所示）。一般而言，在采集精度和准度合适的情况下，仅利用细节点特征即可完成匹配（如图5-4所示）。但在实际操作中，还需要考虑采集过程中的噪声和形变造成的影响。

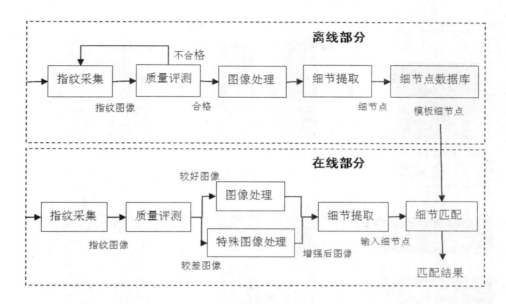

图5-3 自动指纹识别流程

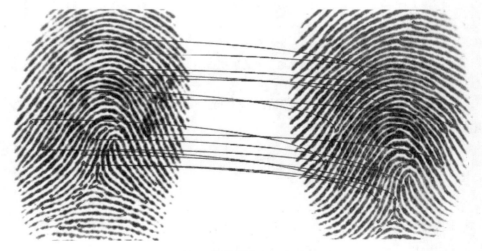

图5-4 指纹细节点匹配过程

（2）人脸识别

人脸识别是通过与计算机相连的摄像头动态捕捉人脸特征，同时把捕捉到的人脸特征与预先录入人员库的人脸特征进行比对的过程（如图5-5所示）。

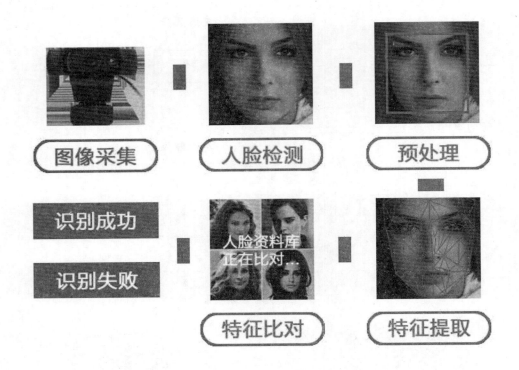

图5-5　人脸识别步骤

人脸识别身份认证系统一般由客户端、应用系统和人脸认证平台 3 部分组成（如图 5-6 所示）。

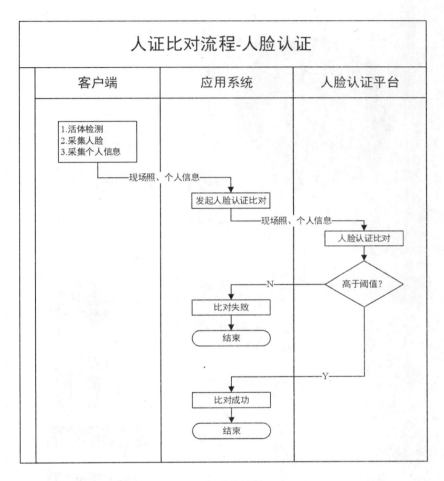

图5-6 人脸认证流程

（3）虹膜识别

虹膜是瞳孔与巩膜之间的环形可视部分，具有终生不变性和差异性（如图5-7所示）。虹膜识别与其他生物特征识别技术相比，其特征是稳定性和唯一性较强。一个完整的虹膜识别流程如图5-8所示。

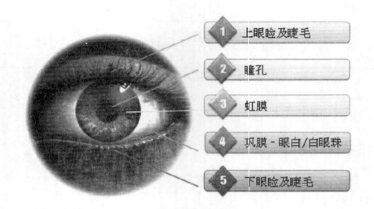

图5-7　虹膜外观图

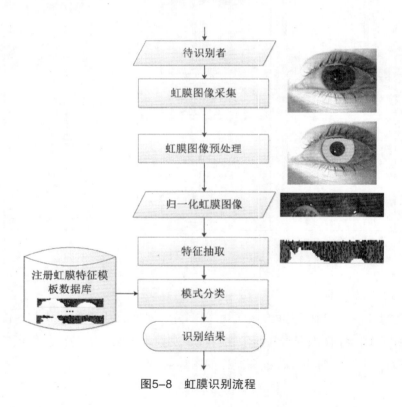

图5-8　虹膜识别流程

（4）指静脉识别

指静脉识别技术是通过对手指静脉血管纹理识别进行身份认证，其成像原理如图所示5-9，技术原理如图5-10所示。

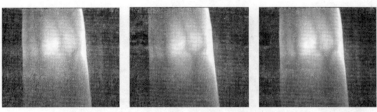

a）同一手指在不同位置的静脉图像

b）不同大小的手指静脉图像

图5-9　手指静脉成像

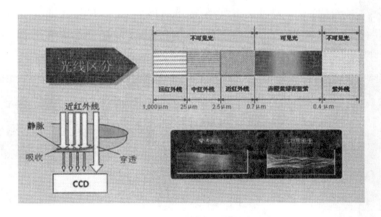

图5-10　指静脉技术原理

（5）声纹识别

声纹是对语音中所蕴含的能表征和标识人的语音特征的总称。声纹识别是根据待识别语音的声纹特征识别该段语音所对应的说话人的过程。声纹识别一般由训练建模和识别认证两个步骤组成（如图5-11所示）。

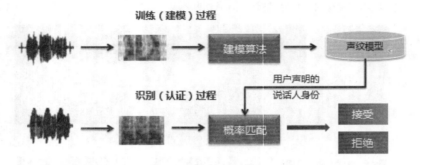

图5-11 声纹识别过程

（6）姿态识别

姿态识别是一种典型的行为测定学，是将某些持续时间较长的动作分割成若干个基本动作，并通过对这些基本动作的运动分析来实现对整个动作的识别。

姿态识别在监测控制、医疗康复、自助服务、智能界面、娱乐游戏等领域都有着广泛的应用。一个典型的姿态识别应用中的运动捕捉和分析系统如图5-12所示。

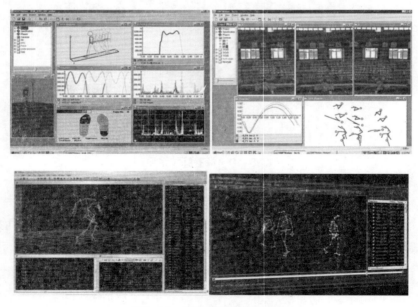

图5-12 运动捕捉和分析系统

（7）多模态识别

随着对社会安全和身份鉴别准确性和可靠性要求的日益提高，单一的生物特征识别已远远不能满足应用需求，因此多生物特征识别系统的出现是一个优选策略。

多生物特征融合可以发生在生物特征识别系统的任意一个阶段。对于生物特征系统来说，融合发生的阶段越早，效果就越明显，因此在前期特征提取阶段融合会有更好的识别效果。但是对于一个可靠的生物特征识别系统来说，适当的决策阶段融合将必不可少。

（8）基因识别

基因识别是生物信息学的一个重要分支，使用生物学实验或计算机等手段识别DNA序列上的具有生物学特征的片段。基因识别的对象主要是蛋白质编码基因，也包括其他具有一定生物学功能的因子，如RNA基因和调控因子。基因识别是基因组研究的基础。

基因识别的主要手段是基于活的细胞或生物的实验。通过对若干种不同基因的同源重组的速率的统计分析，我们能够获知它们在染色体上的顺序。若进行大量类似的分析，我们可以确定各个基因的大致位置。现在，由于人类已经获得了巨大数量的基因组信息，依靠较慢的实验分析已不能满足基因识别的需要，而基于计算机算法的基因识别得到了长足的发展，成了基因识别的主要手段。

5．视频监控与图像识别

视频监控包括前端摄像机、传输线缆、视频监控平台。摄像机可分为网络数字摄像机和模拟摄像机，可用来采集前端视频图像信号。完整的视频监控系统是由摄像、传输、控制、显示、记录登记5大部分组成。摄像机通过网络线缆或同轴视频电缆将视频图像传输到控制主机，控制主机再将视频信号分配到各监测器及录像设备，同时可将需要传输的语音信号同步录入到录像机内。通过控制主机，操作人员可发出指令，对云台的上、下、左、右的动作进行控制及对镜头进行调焦变倍的操作，并可通过视频矩阵实现在多路摄像机之间的切换。利用特殊的录像处理模式，可对图像进行录入、回放、调出及储存等操作。

图像识别，是指利用计算机对图像进行处理、分析和理解，以识别各种不同模式的目标和对象的技术。图像识别技术可以通过对视频监控系统所拍摄到的图像进行识别以达到对目标进行追溯的目的。

6. 区块链

区块链是分布式数据存储、点对点传输、共识机制、加密算法等计算机技术在互联网时代的创新应用模式。狭义来讲，区块链是一种按照时间顺序将数据区块以顺序相连的方式组合成的一种链式数据结构，并以密码学方式保证的不可篡改和不可伪造的分布式账本。广义来讲，区块链技术是利用块链式数据结构来验证与存储数据、利用分布式节点共识算法来生成和更新数据、利用密码学的方式保证数据传输和访问的安全、利用由自动化脚本代码组成的智能合约来编程和操作数据的一种全新的分布式基础架构与计算范式。

目前，区块链技术被很多大型机构称为是彻底改变业务乃至机构运作方式的重大突破性技术。同时，就像云计算、大数据、物联网等新一代信息技术一样，区块链技术并不是单一信息技术，而是依托于现有技术，加以独创性的组合及创新，从而实现以前未实现的功能。

区块链具有四大核心技术：

（1）分布式存储：区块链账本采用的是分布式存储记账方式，这是一种从分布在不同物理地址或不同组织内的多个网络节点构成的网络中进行数据分享与同步的去中心化数据存储技术。不同于传统的分布式存储，区块链网络中各参与节点拥有完整的数据存储，并且各节点是独立、对等的，它依靠共识机制保证存储的最终一致性，也通过这些方式来保证分布式存储数据的可信度与安全性，即只有能够影响分布式网络中大多数节点时才能实现对已有数据的篡改。当然，参与系统的节点增多，会提升数据的可信度与安全性。

（2）密码学：密码学是区块链的基石。密码学属于数学和计算机科学的分支，主要研究信息保密、信息完整性验证、分布式计算中的信息安全问题等。区块链中使用了哈希算法、加解密算法、数字证书与签名、零知识证明等现代密码学的多项技术。区块链采用哈希算法和非对称加密技术来保证账本的完整性和网络传输安全。哈希算法被用于生产区块链中各个单元（区块）的头信息，并通过在区块头中包括上区块头信息的方式来实现区块之间的连接。同时，默克尔树（也是一种基于哈希算法的树结构）对区块中具体事物或状态进行结构化组织并将概要信息存入区块头，使得他人对数据或状态的篡改变得非常困难。

（3）共识机制：共识机制用于解决分布式系统的一致性问题，其核心为在某个共识算法的保障下，在有限的时间里，使得制定操作在分布式网络中是一致的、被承认的、不可篡改的。在区块链中，特定的共识算法用于解决去中心化多方互信的问题。

（4）智能合约：智能合约是一种旨在以信息化方式传播、验证或执行合同的谈判或履行的计算机协议。允许在不依赖第三方的情况下进行可信、可追踪且不可逆的合约交易。智能合约是以数字形式定义的一组承诺，包括各方履行这些承诺的协议。区块链技术的发展为智能合约的运行提供了可信的执行环境。区块链智能合约是一段写在区块链上的代码，一旦某个事件触发合约中的条款，代码即自动执行。目前较为成熟的智能合约支持图灵完备的语言，在此基础上可实现差价合约、储蓄钱包合约、多重签名合约、保险衍生品合约等，无须依赖第三方或中心化机构，极大地减少了人工参与，具备很高的效率和准确性。

区块链的五大特点：

（1）去中心化。由于使用分布式核算和存储，体系不存在中心化的硬件或管理机构，任意节点的权利和义务都是均等的，系统中的数据块由整个系统中具有维护功能的节点来共同维护。

（2）开放性。系统是开放的，除了交易各方的私有信息被加密外，区块链的数据对所有人公开，任何人都可以通过公开的接口查询区块链数据和开发相关应用，因此整个系统信息高度透明。

（3）自治性。区块链采用基于协商一致的规范和协议（比如一套公开透明的算法），使得整个系统中的所有节点能够自由安全地交换数据，使得对"人"的信任改成了对机器的信任，任何人为的干预不起作用。

（4）信息不可篡改。一旦信息经过验证并添加至区块链，就会永久地存储起来，除非能够同时控制住系统中超过51%的节点，否则单个节点上对数据库的修改是无效的，因此区块链的数据稳定性和可靠性极高。

（5）匿名性。由于节点之间的交换遵循固定的算法，其数据交互是无须信任的（区块链中的程序规则会自行判断活动是否有效），因此交易对手无须通过公开身份的方式让对方对自己产生信任，对信用的累积非常有帮助。

目前，阿里巴巴、京东、浪潮等大型企业集团，均在积极利用区块链技术构建信息化追溯平台，以便为客户提供更优质的追溯技术服务。

第六章 追溯平台建设与互联互通

一、重要产品信息化追溯体系总体架构

宏观层面，国家重要产品信息化追溯体系包括各级重要产品追溯管理平台、各类重要产品追溯系统、第三方追溯服务平台等。

国家重要产品追溯管理平台由商务部负责建设，是全国重要产品追溯体系的重要组成部分，汇总交换来自各省市及第三方追溯平台等以生产经营主体、产品类别、生产流通过程为基本内容的追溯信息，与相关部门追溯数据实现共享交换，支持跨区域追溯链条合成、应急事件管理、信息综合利用、地方追溯工作监测评价等业务（以下简称"国家追溯平台"）。

地方重要产品追溯管理平台为全国重要产品追溯体系的重要组成部分，包括省级、市级以及具备条件的县（区）级追溯管理平台（统称地方追溯平台），汇集本地区生产经营主体信息、产品类别信息、生产流通过程信息等，支持市场化第三方追溯平台数据接入，具备追溯主体和产品信息管理、数据质量管理、追溯应急管理、数据应用管理、体系建设管理、追溯设备管理、运行监测管理等功能，按统一数据采集要求和传输协议，汇集各追溯节点数据，并向上一级平台报送和交换追溯数据。

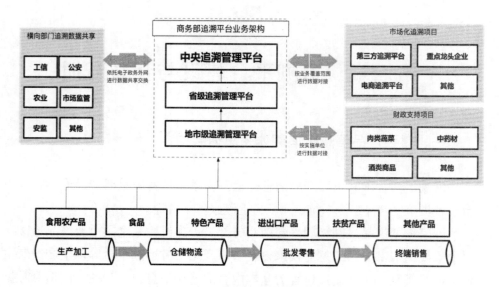

图6-1　重要产品追溯管理平台体系

1．各级追溯平台之间的关系

国家平台负责汇总交换省级平台追溯信息。省级重要产品追溯管理平台，承担全省追溯数据汇总统计、信息综合开发利用及对城市追溯体系运行情况进行监测评价等功能。市级重要产品追溯管理平台，按照统一的数据传输格式和接口规范，分别实现与省级追溯管理平台和各节点追溯子系统的互联互通。县级可根据实际需要，建设县级重要产品追溯管理平台。

省级平台建成后，58个肉菜流通追溯试点城市和18个中药材流通追溯试点省市的肉菜、中药材流通追溯管理平台等与省级重要产品追溯管理平台实现对接。

2．与外部电子政务平台的关系

地方追溯平台应与商务部商务大数据平台实现对接和信息交换。同时，还应与本级政府电子政务平台、相关部门建设的监管平台、追溯管理平台等实现对接和数据共享交换。

3．与市场化第三方追溯平台的关系

行业组织、大型龙头企业、电商企业等建设的市场化第三方追溯平台，可按业务覆盖范围与当地省（市）平台或国家平台主管单位申请对接。

二、政府类追溯管理平台建设基本要求

1．基本原则

鼓励各地充分利用、整合现有政务信息化资源，采取政企共建、政府购买服务等多种方式，集约化设计和建设追溯管理平台。

（1）规范性。平台应符合国家和行业的相关标准规范。

（2）统一性。平台应实现对所辖区域食用农产品、食品、药品、农业生产资料、特种设备、危险品、稀土产品等重要产品追溯业务及相关数据的统一管理。

（3）共享性。尽可能采用云平台架构，充分利用已有的政务云基础设施，将重要产品追溯管理平台建设与当地电子政务网络、商务云、商务大数据等相关电子政务项目建设统筹规划，整合电子政务各类资源，避免重复建设，防止形成新的"信息孤岛"，有效降低平台建设运行成本。

（4）安全性。应按照网络安全等保护规范，开展定级、保护工作；应采取认证等必要措施，保证接入平台的设备、系统和用户接入的安全性；应采取适当的措施保证信息传输过程的安全性。

（5）可靠性。平台应支持关键设备、关键数据、关键程序模块采取备份、冗余措施，有容错和系统恢复能力，支持负载均衡功能。

（6）易操作性。应提供清晰、简洁、友好的中文人机交互界面，操作应简单、灵活、易学易用，便于管理和维护。

（7）可扩展性。采用模块化设计，将相关功能模块化，便于系统在产品种类、追溯环节及管理功能上升级扩充。

（8）可维护性。应充分考虑可维护性要求，包括功能可维护和代码可维护，其中功能可维护要求有一定灵活性，如生产经营主体、产品品种信息等

可添加和调整，提高平台系统的可维护性。应具备自检、故障诊断及故障恢复功能。对运行环境应有一定的适应性，不应依赖某一型号和固定版本的设备或软件。

2．总体架构

从技术角度看，地方追溯平台总体架构主要由基础设施层、数据资源层、应用支撑层、业务应用层、表现层组成，此外还包括运行维护保障体系、标准规范体系、数据共享交互和安全保障体系，各地可根据实际需求自行增、删、改相关组件。

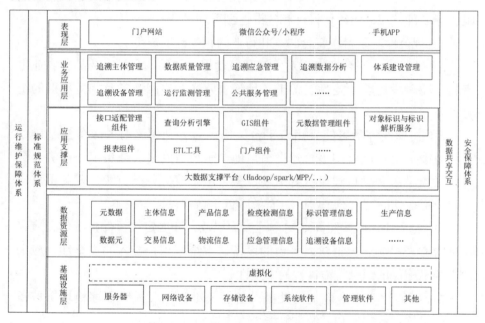

图6-2 重要产品追溯管理平台总体架构

（1）基础设施层。基础设施是为系统各层提供必要的网络基础环境，包括网络基础环境、服务器、存储设备、安全设备、系统软件、管理软件及其他。

（2）数据资源层。数据资源层提供系统的核心数据，并为其上层提供数据支持。数据资源包括：元数据、数据元、生产经营主体信息、产品信息、检疫检测信息、标识管理信息、生产信息、交易信息、物流信息、应急管理信息、追溯设备信息等。数据资源的数据库的设计（表、字段、键等）和数据库的管理（数据的读取、校验、审核等）应保证数据的一致性、完整性和安全性。

（3）应用支撑层。应用支撑层可适应不同产品追溯应用系统，具有组件化服务功能等，包括接口适配管理组件、查询分析引擎、GIS组件、元数据管理组件、报表组件、门户组件等。

（4）业务应用层。业务应用层是基于应用支撑层之上的，对于各项数据资源的具体业务应用，提供追溯主体和产品信息管理、数据质量管理、追溯应急管理、追溯数据分析、体系建设管理、追溯设备管理、运行监测管理、公共服务管理等。

（5）表现层。表现层在整个信息资源架构的最上层，直接面对用户，基于应用层，为用户提供多种使用和访问方式，包括门户网站、微信公众号/小程序、手机APP等。

（6）数据共享交互。数据共享交互应提供整个系统内部各应用、各业务模块间的信息交换和共享服务，支持系统外数据交换服务，能与其他监管系统和业务系统等实现数据交换。

（7）安全保障体系。信息安全和运行监控贯通系统的各层面，信息安全保障为系统各层提供安全服务，主要涉及安全管理、安全协议、加密、密钥管理等方面的内容；运行监控系统监控各层运行状态。

3．功能设计

如纳入追溯管理的重要产品品类数量较多，地方追溯平台可分品类设置子平台。这样规划既便于分类管理，又可根据新增品种升级相关功能。各子平台应具备追溯主体和产品信息管理、数据质量管理、追溯应急管理、追溯数据分析等必要功能。可根据管理需求，各子平台配置体系建设管理、追溯设备管理、运行监测管理等可选功能。可结合本地区门户网站建设实际，单独或融合实现公共服务管理功能。建设单位可根据实际，自行细化、增删改相关功能；开展追溯体系精准扶贫工作的地区，可增加追溯体系精准扶贫等主题管理功能。

在部门协同建设的基础上，鼓励追溯平台与监管平台、应急管理平台、信用平台等进行数据对接，充分发挥追溯平台的功能及价值。

（1）追溯主体管理

追溯主体是追溯实施的第一责任人，主要包括各类产品生产经营企业或商户，如种植养殖、生产加工、仓储运输、批发零售、团体消费等企业或组织；此外，也包括批发市场和零售市场的个体经营户。

追溯主体管理应对所辖地区内追溯涉及的相关生产经营企业或商户，提供备案、验证、检索等功能。可通过平台直接登记主体与产品的备案信息，或接收企业追溯系统上传的备案信息。

按照所属区域、企业类型、产品种类、节点名称、节点编码、备案时间等条件，对追溯主体备案信息进行检索和分页展示，并利用地理信息系统（GIS）进行标注和分析。可设置"企业备案数量""节点覆盖率""商户备案数量""商户覆盖率"等指标，按环节、产品品种、区域等维度，对企业商户数量和比例等指标进行统计分析，并采用图表等方式加以展示。可设置数据报送率、商户活跃度等指标，分环节对企业追溯系统运行状态进行监控。合理设置阈值，发现异常情况自动预警提示。

（2）数据质量管理

数据质量关乎整个追溯体系的成效，也是实现追溯应急管理等其他功能的前提。要保证追溯数据准确、真实，首先，需要监督追溯主体加强源头管理，对追溯数据生成、采集、上传等建立监督、校验、审核等相关机制，并尽可能采用智能化方式。其次，要通过追溯平台对追溯数据传输、审核进行智能化管理，及时发现和解决问题，以改进企业追溯系统的运行效果。主要包括数据传输监控、数据清洗等功能。

数据传输监控是对各城市或节点企业数据传输进度、负载等进行监控，通过实时监控追溯数据传输进度、数据接收应用服务器的运行情况，确保数据对接稳定有效运行。追溯数据清洗是通过设定数据阈值等手段，清洗掉问题数据，并对问题数据按照类型进行归类统计，自动向各城市或节点责任人反馈，以便后续加以改进。

（3）追溯应急管理

应急管理应实现各部门快速协调、联动，有效解决突发公共安全事件。根据业务流程划分，主要包括质量安全监测预警、应急预案管理、应急事件审核、应急协同处置、应急事件反馈和应急信息发布等。

应急预案和应急事件审核可会同应急管理等部门制定。追溯平台的核心功能是应急协同处置，根据应急事件相关追溯信息合成追溯链条，包括但不限于追溯链条合成、追溯链条数据表、基于GIS地图的链条展示等功能，明确该产品流经的全部节点、数量、时间以及相关人员联系方式等，以电话、短信、邮件等多种方式，将追溯查询信息反馈给相关部门执法主体。如有必要，相关应急信息要及时通过网络、微信、电视、广播等渠道向影响区域公布，降低影响范围和概率。

（4）追溯数据分析

追溯数据相对传统的样本监测数据，具有时效性、关联性、持续性多方面的优势，是非常宝贵的大数据资源。《关于协同推进肉菜中药材等重要产品信息化追溯体系建设的意见》（商秩字〔2019〕5号）指出，有关政府部门可利用追溯系统记录的产品生产流通与来源流向等基础信息，开展产地准出管理、市场准入管理以及问题产品应急召回处置等工作；利用追溯体系记录的生产经营主体信息和产品质量安全信息，开展追溯主体信用监管，建立完善的产品质量安全档案，形成守信联合激励、失信联合惩戒机制；依法加强对生产经营企业建立实施产品追溯制度的监督检查，有关行业管理部门整合追溯数据资源，充分发挥追溯体系在市场监测与运行调控、行业管理、维护公共安全和使用者权益等方面的积极作用。例如，商务部门可基于追溯数据，开展市场监测与运行调控、行业管理，设计市场运行分析、重点行业分析等功能。

市场运行分析可按日、周、月、季度、年等周期，采用同比、环比等方式，分产品分环节开展产品进销存、批发与零售价量额、居民消费和团体消费价量额、产品市场占有率等分类统计分析，自动生成分析报告，以便于掌握市场动态。

重点行业分析可选择重点行业进行监测分析，按日、周、月、季度、年等周期，采用同比、环比等方式，对重点行业结构、行业规模、行业集中度及重点企业占有率等进行分析，自动生成分析报告。

（5）体系建设管理

为全面了解本地追溯体系建设情况，可设计追溯产品目录、追溯覆盖统计、平台接入管理等功能。

产品目录管理是指依规制定追溯产品目录清单，制定重点追溯产品目录和鼓励追溯产品目录，实行动态管理，并通过公共服务信息管理及时向社会公示。针对推进本地追溯工作需要，可以设置组织实施、财政支持项目资金使用管理、进度管理等功能，以了解项目建设情况。通过设置品种覆盖率、企业/环节覆盖率等指标，对财政支持项目与市场项目建设情况进行分类统计。平台接入管理主要针对面向市场化的第三方追溯平台或重点生产经营企业自建的追溯系统，通过有关政策鼓励接入重要产品追溯管理平台。可设置接入申请填报、接入申请审核、接入系统备案、对接信息监控等功能。

（6）追溯设备管理

对于有财政支持的项目，应加强追溯设备等资产管理。可对关键追溯设备进行运行状态监控，包括但不限于手持机、电子秤、服务器等，设置设备信息备案、设备使用管理、设备运行监控管理、设备信息分析等功能。各地新建追溯系统应结合新的交易、支付技术，创新追溯信息采集方式，不再采用追溯秤、专用查询机等不符合技术发展和应用需求的设备；对现存的无法满足使用需求的设备，及时依法依规处置，加快淘汰专用查询机等现有落后设备。

（7）运行监测管理

实行分级监测评价机制。商务部负责对省级（含计划单列市）重要产品追溯体系运行状况进行监测评价。省级商务主管部门负责对地市级重要产品追溯体系进行监测评价。省级平台接入58个试点城市肉菜流通追溯管理平台和18个试点省市中药材流通追溯管理平台后，由省级商务主管部门负责对试点地区追溯体系运行情况进行监测评价（试点地区为计划单列市的，由商务部进行监测评价）。地市级商务主管部门负责对纳入平台备案的企业以及具备条件的县（区）追溯管理平台进行监测评价。各地应结合商务部制定的追溯体系运行监测评价办法，制定本地区追溯体系运行监测评价细则。

为全面了解本地追溯体系运行情况，应制定监测评价指标体系。从追溯体系运行情况、追溯数据报送数量和质量情况、追溯体系日常运维管理等方面制定监测评价指标体系，按月度/季度等周期对所辖城市/企业追溯体系运行情况进行智能化综合评价。此外，针对城市的运行监测，可以结合追溯工作要求增加相关监测指标，如将追溯主体、品种、环节的扩展，以及技术创新、模式创新、管理创新等纳入评价内容。

支持以某一环节内的节点企业为评价对象，划分优秀、良好、达标、不达标等不同等级，以了解该环节各企业运行情况。支持以单个流通节点企业为评价对象，判断该企业追溯体系运行的各方面情况。

（8）公共服务管理

公共服务主要是为追溯体系建设参与者、消费者等提供信息发布、公共查询等服务。信息发布是指提供政策法规、通知公告、新闻资讯、应急信息等栏目信息。网站前台设置公众留言窗口，公众可通过实名或匿名两种方式，进行建议、询问、举报投诉等方面的留言，同时可查看留言回复情况。公共查询是面向消费者提供追溯信息一站式查询服务，通过追溯门户、微信公众号、移动APP等开设公共信息查询窗口。

4. 安全性要求

应对系统安全、数据安全、网络和硬件安全采取必要的措施。系统安全包括对用户安全、权限控制、运行环境等方面的考虑。数据安全应坚持依法依规、必要有用、谁采集谁负责的原则。各级商务主管部门在规定之外增加追溯品种、扩大追溯主体及信息采集范围的，应履行必要程序并对所采集信息安全负责；严格审核追溯信息的真实性和有效性；在保护企业和商户商业秘密的前提下，依法依规对采集的数据进行分析和利用。行业、企业或第三方平台在规定之外扩大追溯信息采集范围的，应依法依规开展并对所采集信息安全负责；应建立完善的安全管理制度，依据相关标准规范，真实有效采集、对外交换发布或留存追溯信息。追溯平台应建立信息安全响应和反馈机制，及时受理企业和消费者信息安全方面的咨询和投诉。

5．运行维护要求

平台应做好日常的运行维护，保证程序代码可维护性，及时处理运行故障，最重要的是做好企业端追溯数据的采集以及与上级追溯平台的数据对接工作。应建立健全数据对接维护机制，设置专人负责与国家平台、第三方追溯平台、重点企业追溯系统的数据对接运维工作，每天监控各传输节点的数据接收状况、数据质量状况和数据上报状况，并定期整理维护各数据传输节点的备案信息、商品信息、字典信息与追溯信息。

三、第三方追溯服务平台建设基本要求

1．第三方追溯服务平台概述

第三方追溯平台是指由追溯技术服务企业、行业组织、电商平台企业等具有整合能力的主体建设，同时为多家生产经营企业提供追溯主体管理、产品目录管理、采购信息管理、交易信息管理、检测信息登记、编码管理、追溯查询、数据上报等服务功能的平台。

第三方追溯平台开放性高、可复制性强，以追求商业利益为主要目标。当前阶段，主要是为某类产品生产经营企业提供追溯技术服务，尚未形成全品类综合性的追溯技术服务平台。

2．第三方追溯服务平台建设基本要求

（1）面向政府用户的平台

政府建设重要产品追溯平台面临着一次性投入高、周期长、后期运维管理压力大等现实问题。因此，在财政预算有限的情况下，政府部门可通过共建或购买服务方式，利用第三方追溯服务平台搭建信息化追溯体系。第三方追溯服务平台提供商为政府部门提供其辖区范围内追溯产品管理服务，按政府要求为相关产品生产经营企业提供标准化的数据接口，采集追溯信息，负责追溯体系建设运行管理。平台功能包括追溯主体管理、数据质量管理、追

溯数据分析、追溯设备管理、体系建设管理和平台接入管理等。除了提供追溯管理平台服务之外，还可为政府用户提供产品追溯标准体系、运营管理体系、信息安全体系等专业服务。

（2）面向企业用户的平台

根据经营性质，可将企业分为生产企业和商贸流通企业两类。生产企业侧重于品牌推广和效益提升，对追溯的认识较为深刻，参与追溯的积极性较高。因此，第三方追溯服务平台为生产商建设追溯体系时，在满足政府监管的前提下，应更多地考虑帮助生产商建立会员体系，提供品牌推广、供应链管理、精准营销等增值服务。商贸流通企业类型多样，信息化水平存在很大差异，以大型连锁超市为代表的商超信息化程度较高，有专门的信息化管理系统和信息化人员；以批发市场、农贸市场为代表的农产品流通企业信息化程度普遍较低，管理粗放，基本以手工台账为主，记录和检索的效率较低。因此，第三方追溯服务平台可根据流通企业类型分别设计专业领域的追溯服务平台，以与ERP、WMS系统对接的系统接口为主，降低追溯体系建设成本。

企业是追溯服务平台中的一个节点，只负责将本环节的追溯信息建设好即可，追求的是便捷高效和效益提升。因此，第三方追溯平台可参考企业追溯系统建设部分，提供溯主体与产品信息登记、追溯数据分析等追溯必要功能，还可增加供应链管理、产品鉴真防伪等服务。此外，结合追溯查询，为消费者提供企业与产品简介、产品维护、复购链接、投诉建议、信用评价等服务。

四、追溯体系互联互通

追溯体系互联互通和数据共享交换，是提升追溯工作协同效能的基础。地方省市建设的重要产品追溯管理平台，可依托地方数据共享交换平台实现由地市平台到省平台再到中央平台的数据对接，依托各级重要产品追溯管理平台实现追溯信息纵向互通和跨地区联通。横向上，与农业农村、市场监管、药监等部门建设的追溯平台或监管平台、信用平台等实现信息共享交换。此外，可探索建立追溯平台市场化对接管理机制，鼓励各类生产经营企业、协会和第三方追溯系统接入行业或地区追溯管理或信息协同平台。

1．政府部门追溯平台对接管理

政府部门追溯平台对接，应符合《关于加快推进重要产品追溯管理平台对接工作的通知》（商秩司函〔2019〕422号）要求。

总体上，应以省级平台为枢纽，汇总所辖区域内肉菜中药材流通追溯试点、重要产品追溯示范等中央或地方财政资金支持项目产生的追溯数据，以及相关部门的追溯数据，按照统一的数据格式、统一的数据接口上传至国家追溯平台。计划单列市建设的追溯平台可双向对接国家追溯平台和省级平台，但其追溯数据不再由省级平台向国家追溯平台转报。

（1）各级追溯管理平台对接

省平台或计划单列市建设的追溯平台与国家追溯平台的对接，应符合《国家重要产品追溯体系数据对接技术要求》。

（2）与共建部门系统对接

应实现与共建部门食用农产品、食品、药品、主要农业生产资料等重要产品追溯管理系统的数据交换，各地可参照《国家重要产品追溯体系数据对接技术要求》并结合实际情况，自行制定数据接口标准。

2．政府平台与第三方追溯服务平台对接管理

国办发〔2015〕95号文指出，"建立完善政府追溯数据统一共享交换机制，积极探索政府与社会合作模式，推进各类追溯信息互通共享。鼓励生产经营企业、协会和第三方平台接入行业或地区追溯管理信息平台，实现上下游信息互联互通。"商务部、工信部等七部门联合印发的《关于推进重要产品信息化追溯体系建设的指导意见》（商秩发〔2017〕53号）要求，"部门、地区和行业企业追溯信息初步实现互通共享和通查通识……建立追溯信息共享交换机制，实现中央平台与有关部门、地区、第三方平台之间的对接。"

当前，市场上存在多家第三方追溯技术服务机构，第三方追溯平台已经

成为市场化追溯体系的重要力量。据了解，多数行业组织、第三方追溯平台服务机构均有与重要产品追溯管理平台对接的强烈意愿。实施第三方对接，有助于规范市场化追溯行业，发展壮大重要产品追溯体系，形成政府平台与市场追溯节点互联互通的整体网络布局。

与行业组织、技术企业等建设的第三方产品追溯平台对接时，应制定相关的对接管理规范，明确申请条件、申请流程、对接管理、退出机制等事项。各地可参照《国家重要产品追溯体系数据对接技术要求》并结合实际情况，自行制定相关数据对接接口。

3．政府平台与重点企业产品追溯系统对接管理

与重点生产经营企业追溯系统对接时，可参照与第三方产品追溯平台对接工作，设计相应的对接规范与操作流程。

第七章 政府部门推进模式及管理要点

为推进重要产品追溯体系建设工作，需统筹考虑各种政策措施，综合施策，建立有效的激励约束机制，以积极扩大追溯体系覆盖范围，保持追溯体系良好运行。广义上，工作推进包括政策制度设计、法规建设、标准体系建设等工作；本章重点阐述追溯体系建设项目的具体实施。

一、政府采购

1．政府采购定义

政府采购，是指各级国家机关、事业单位和团体组织，使用财政性资金即纳入预算管理的资金采购依法制定的集中采购目录以内的或者采购限额标准以上的货物、工程和服务的行为。

政府采购实行集中采购和分散采购相结合。集中采购，是指采购人将列入集中采购目录的项目委托集中采购机构代理采购或者进行部门集中采购的行为;分散采购，是指采购人将采购限额标准以上的未列入集中采购目录的项目自行采购或者委托采购代理机构代理采购的行为。

集中采购的范围由省级以上人民政府公布的集中采购目录确定。属于中央预算的政府采购项目，其集中采购目录由国务院确定并公布；属于地方预算的政府采购项目，其集中采购目录由省、自治区、直辖市人民政府或者其授权的机构确定并公布。纳入集中采购目录的政府采购项目，应当实行集中采购。

政府采购限额标准，属于中央预算的政府采购项目，由国务院确定并公布；属于地方预算的政府采购项目，由省、自治区、直辖市人民政府或者其授权的机构确定并公布。

2. 政府采购方式

根据《中华人民共和国政府采购法》规定，政府采购采用以下方式：①公开招标；②邀请招标；③竞争性谈判；④单一来源采购；⑤询价；⑥国务院政府采购监督管理部门认定的其他采购方式。其中，前两种为招标采购方式，后三种为非招标采购方式。2014年出台《政府采购竞争性磋商采购方式管理暂行办法》（规范性文件），增加了竞争性磋商采购方式。

（1）公开招标

公开招标，是指采购人依法以招标公告的方式邀请非特定的供应商参加投标的采购方式。公开招标应作为政府采购的主要采购方式。

采购人采购货物或者服务应当采用公开招标方式的，其具体数额标准，属于中央预算的政府采购项目，由国务院规定；属于地方预算的政府采购项目，由省、自治区、直辖市人民政府规定；因特殊情况需要采用公开招标以外的采购方式的，应当在采购活动开始前获得设区的市、自治州以上人民政府采购监督管理部门的批准。

例如：根据《广西壮族自治区财政厅关于调整2018-2019年政府采购项目公开招标数额标准的通知》(桂财采〔2018〕14号）规定，公开招标数额标准为：货物类：达到200万元人民币以上的各类货物；工程类：施工单项合同估算价在400万元人民币以上；服务类：达到100万元人民币以上的各类服务。

（2）邀请招标

邀请招标，是指采购人依法从符合相应资格条件的供应商中随机抽取3家以上供应商，并以投标邀请书的方式邀请其参加投标的采购方式。符合下列情形之一的货物或者服务，可以采用邀请招标方式采购：①具有特殊性，只能从有限范围的供应商处采购的；②采用公开招标方式的费用占政府采购项目总价值的比例过大的。

（3）竞争性谈判

竞争性谈判是指谈判小组与符合资格条件的供应商就采购货物、工程和服务事宜进行谈判，供应商按照谈判文件的要求提交响应文件和最后报价，采购人从谈判小组提出的成交候选人中确定成交供应商的采购方式。符合下列情形之一的货物或者服务，可以采用竞争性谈判方式采购：①招标后没有供应商投标或者没有合格标的或者重新招标未能成立的；②技术复杂或者性质特殊，不能确定详细规格或者具体要求的；③采用招标所需时间不能满足用户紧急需要的；④因采购艺术品或者因专利、专有技术或者因服务的时间、数量事先不能确定等导致不能事先计算出价格总额的。

（4）单一来源采购

单一来源采购是指采购人从某一特定供应商处采购货物、工程和服务的采购方式。符合下列情形之一的货物或者服务，可以采用单一来源方式采购：①因货物或者服务使用不可替代的专利、专有技术，或者公共服务项目具有特殊要求，只能从唯一供应商处采购的；②发生了不可预见的紧急情况不能从其他供应商处采购的；③必须保证原有采购项目一致性或者服务配套的要求，需要继续从原供应商处添购，且添购资金总额不超过原合同采购金额百分之十的。

（5）询价

询价是指询价小组向符合资格条件的供应商发出采购货物询价通知书，要求供应商一次报出不得更改的价格，采购人从询价小组提出的成交候选人中确定成交供应商的采购方式。采购的货物规格、标准统一、现货货源充足且价格变化幅度小的政府采购项目，可以采用询价方式采购。

（6）竞争性磋商

竞争性磋商是指采购人、政府采购代理机构通过组建竞争性磋商小组（以下简称磋商小组）与符合条件的供应商就采购货物、工程和服务事宜进行磋商，供应商按照磋商文件的要求提交响应文件和报价，采购人从磋商小组评审后提出的候选供应商名单中确定成交供应商的采购方式。符合下列情形的项目，可以采用竞争性磋商方式开展采购：①政府购买服务项目；②技术复杂或者性质特殊，不能确定详细规格或者具体要求的；③因艺术品采购、专利、专有技术或者服务的时间、数量事先不能确定等原因不能事先计算出价格总额的；④市场竞争不充分的科研项目，以及需要扶持的科技成果转化项目；⑤按照招标投标法及其实施条例必须进行招标的工程建设项目以外的工程建设项目。

（7）公开招标、竞争性谈判、竞争性磋商的区别

①供应商确定方式不同。公开招标是通过发布公告的形式以邀请不特定的供应商来参与投标；竞争性谈判和竞争性磋商除了发布公告外，还可由采购人、评审专家分别作书面推荐，或者是从省级以上财政部门建立的供应商库中随机抽取。

②文件发放日期不同。公开招标的要求是自招标文件开始发出之日起至投标人递交投标文件截止之日止，不得少于20日；竞争性谈判的要求是从谈判文件发出之日起至供应商提交首次响应文件截止之日止，不得少于3个工作日；竞争性磋商的要求则是从竞争性磋商文件发出之日起至供应商提交首次响应文件截止之日止，不得少于10日。

③澄清修改时限不同。公开招标如果需要对已经发出的招标文件进行必要的澄清或修改，若所需要澄清或修改的内容可能会影响到供应商响应文件编制的，则至少应在投标截止时间15日前，以书面形式通知所有获取招标文件的潜在投标人；若不足15日，则应当顺延供应商递交投标文件的截止时间。竞争性谈判的规定是在递交首次响应文件截止之日3个工作日前，以书面形式通知所有接收谈判文件的供应商，如果不足3个工作日，则应当顺延供应商递交首次响应文件截止之日。竞争性磋商的规定则是在提交首次响应文件截止之日至少5日前，以书面形式通知所有获取磋商文件的供应商，若不足5日，则应当顺眼供应商递交首次响应文件的截止时间。

④评审方法不同。公开招标的主要评审方法为综合评标法以及最低评标价法。竞争性谈判的评审方法则是谈判小组所有成员集中与单个供应商分别进行谈判。并在规定的时间内进行二轮报价以及最终报价。然后采购人从谈判小组提出的成交候选人中选出最符合采购需求、质量和服务相对等且报价最低的供应商作为成交供应商，并将最终结果告知所有参加谈判的未成交的供应商。竞争性磋商的评审方法是竞争性磋商小组所有成员集中与单个供应商分别进行磋商，在明确采购需求之后，要求所有参与供应商进行最终报价，最后按照磋商文件规定的各项评审因素进行量化指标评审，得分最高的供应商即为中标候选供应商。

⑤评审侧重不同。公开招标（一般情况下）和竞争性谈判最主要考虑的

是"价格因素"。竞争性磋商最主要考虑的则是"综合指标"。在磋商中，供应商可以更明确的理解采购需求，而在最终报价中，采取的也是综合打分的方式，这同样也是对供应商综合能力的一个判断。

3．政府采购流程

（1）项目审批

根据各地区关于政府投资信息化建设项目管理的相关规定，完成项目立项、可行性研究、初步设计和投资概算等项目审批手续。

（2）资金审批

根据各地区财政预算及政府采购管理的相关规定，完成财政资金预算申报、政府采购投资评审、政府采购计划申报等手续。

（3）公开招标或邀请招标

招标活动应当按照下列程序进行：①依法必须进行招标的项目按有关规定办理项目审批手续；②编制招标文件；③发布招标公告或者投标邀请书；④采取资格预审的，按照有关规定对潜在投标人进行资格审查；⑤发售招标文件；⑥根据需要，组织现场踏勘；⑦应投标人要求，澄清招标文件有关问题；⑧接受投标文件；⑨按照招标文件要求的方式和金额，接受投标人提交的投标保函或者投标保证金；⑩组建评标委员会；⑪开标；⑫评标；⑬定标；⑭发中标通知书；⑮返还投标保证金；⑯应招标人要求，中标人交付履约保证金；⑰签订合同；⑱向有关行政监督部门提交招标投标情况的书面总结报告。

（4）竞争性谈判

采用竞争性谈判方式采购的，应当遵循下列程序：①成立谈判小组。谈判小组由采购人的代表和有关专家共三人以上的单数组成，其中专家的人数不得少于成员总数的三分之二。②制定谈判文件。谈判文件应当明确谈判程序、谈判内容、合同草案的条款以及评定成交的标准等事项。③确定邀请参加谈判的供应商名单。谈判小组从符合相应资格条件的供应商名单中确定不少于三家的供应商参加谈判，并向其提供谈判文件。④谈判。谈判小组所有成员集中与单一供应商分别进行谈判。在谈判中，谈判的任何一方不得透露与谈判有关的其他供应商的技术资料、价格和其他信息。谈判文件有实质性变动的，谈判小组应当以书面形式通知所有参加谈判的供应商。⑤确定成交供应商。谈判结束后，谈判小组应当要求所有参加谈判的供应商在规定时间内进行最后报价，采购人从谈判小组提出的成交候选人中根据符合采购需求、质量和服务相等且报价最低的原则确定成交供应商，并将结果通知所有参加谈判的未成交的供应商。

（5）单一来源采购

采取单一来源方式采购的，需经申报采购计划、专家论证、审核前公示、政府采购管理部门审核等程序，采购双方在保证采购项目质量和双方商定合理价格的基础上进行采购。

（6）询价

采取询价方式采购的，应当遵循下列程序：①成立询价小组。询价小组由采购人的代表和有关专家共三人以上的单数组成，其中专家的人数不得少于成员总数的三分之二。询价小组应当对采购项目的价格构成和评定成交的标准等事项作出规定。②确定被询价的供应商名单。询价小组根据采购需求，从符合相应资格条件的供应商名单中确定不少于三家的供应商，并向其发出询价通知书让其报价。③询价。询价小组要求被询价的供应商一次报出不得更改的价格。④确定成交供应商。采购人根据符合采购需求、质量和服务相等且报价最低的原则确定成交供应商，并将结果通知所有被询价的未成交的供应商。

4．政府采购法律法规及政策制度

主要参照《中华人民共和国政府采购法（2014修正）》《中华人民共和国招标投标法》《中华人民共和国政府采购法实施条例》《中华人民共和国招标投标法实施条例》《政府采购货物和服务招标投标管理办法》《政府采购非招标采购方式管理办法》以及各省、自治区、直辖市公布的年度政府集中采购目录及限额标准、政府采购项目公开招标数额标准等。

5．政府投资信息化项目建设要求

（1）申报和审批管理

项目建设单位应依据政府有关文件规定和电子政务建设规划，研究提出信息化项目的立项申请。原则上包括以下审批环节：项目建议书、可行性研究报告、初步设计方案和投资概算。根据项目建设规模、投资规模、技术难度的不同，按各地区相关管理制度可适当简化审批程序。每个审批环节均有项目审批部门（一般为发展改革部门）委托评估机构评估后审核批复。

例如：根据《广西壮族自治区电子政务工程建设项目管理暂行办法》规定，使用中央及自治区一般公共预算拨款的电子政务项目的审批要求为：3000万元以上的项目，审批项目建议书、可行性报告、初步设计方案和投资预算；3000万元（含）以下、500万元以上的项目，审批项目可行性研究报告（代项目建议书）、初步设计方案和投资概算；500万元（含）以下、200万元以上的项目，审批项目实施方案；投资200万元（含）以下的项目编制建设方案报项目审批部门备案。

（2）建设管理

项目建设单位应严格执行招标投标、政府采购、工程监理、合同管理等制度。项目建设单位应依据可行性研究报告审批时核准的招标内容和招标方式组织招标采购。项目采购货物、工程和服务应依据政府采购及招标投标的有关法律法规及规定执行。

项目实行工程监理制，项目建设单位应按照信息系统工程监理的有关规定，委托具有信息系统工程相应监理资质的工程监理单位，对项目建设进行工程监理。

项目建设单位必须严格按照项目审批部门批复的初步设计方案和投资概算实施项目建设。未经批准不得随意变更项目建设内容、技术标准及投资概算。

项目实行信息系统安全等级保护和安全风险评估制度。项目系统的主管部门和运营单位应当按照国家信息安全等级保护管理规范和技术标准，确定信息系统的安全保护等级，并按照有关规定进行备案、审批。

（3）资金管理

项目建设单位应在初步设计方案和投资概算获得批复及具备开工建设条件后，根据项目实施进度向项目审批部门（或财政部门）提出年度资金使用计划申请，项目审批部门（或财政部门）将其作为下达年度中央投资计划的依据。项目建设单位应严格按照财政管理的有关规定使用财政资金，专账管理、专款专用。

（4）监督管理

项目审批部门负责对电子政务项目进行稽查，主要监督检查在项目建设过程中，项目建设单位执行有关法律、法规和政策的情况，以及项目招标投标、工程质量、进度、资金使用和概算控制等情况。审计、财政等有关部门依法对电子政务项目建设中的采购情况、资金使用情况，以及是否符合国家有关规定等实施监督管理。项目建设单位及相关部门应当协助稽查、审计等监督管理工作，如实提供建设项目有关的资料和情况，不得拒绝、隐匿、瞒报。

（5）验收评价管理

项目建设实行验收和后评价制度。项目验收包括初步验收和竣工验收两个阶段。项目建设单位应在完成项目建设任务后的半年内，组织完成建设项目的信息安全风险评估和初步验收工作。初步验收合格后，项目建设单位应向项目审批部门提交竣工验收申请报告，并将项目建设总结、初步验收报告、财务报告、审计报告和信息安全风险评估报告等文件作为附件一并上报。项目审批部门或其组织成立的电子政务项目竣工验收委员会应适时组织竣工验收。对建设规模较小或建设内容较简单的项目，项目审批部门可委托项目建设单位组织验收。

项目审批部门根据电子政务项目验收后的运行情况，可适时组织专家或委托相关机构对建设项目的系统运行效率、使用效果等情况进行后评价。

（6）运行管理

项目建成后的运行管理实行项目建设单位负责制。项目建设单位应确立项目运行机构，制定和完善相应的管理制度，加强日常运行和维护管理，落实运行维护费用。鼓励专业服务机构参与项目的运行和维护。

二、投资补助

1．支持方式和重点

根据各地区相关政策，对企业信息化追溯系统建设项目，以企业投资为主，政府财政补助支持，并按照先建设实施后安排补助的方法进行支持。支持重点主要包括：肉类蔬菜和中药材追溯系统建设、特色产品追溯系统建设、第三方追溯服务平台建设，以及有关食品和食用农产品、药品（医疗器械）、农药、肥料、种子、电梯、气瓶、危险品等重要产品追溯建设等。

2．申报条件

申请追溯专项资金的单位应具备下列条件：（1）申报单位需在本行政区域注册，具备独立法人资格，有独立、健全的财务核算和管理制度，信誉及财务状况良好，运营规范。（2）实际投资主体、建设主体应与申报单位一致。（3）建设内容应符合当地扶持重点和有关要求。已获各级财政投资或其他部门支持的同类项目（不包括升级改造项目）不得重复申报；已申报其他专项、行动计划支持的项目不得重复申报；在审计、稽查中发现存在弄虚作假等问题的单位不得申报。

3．申报和审批程序

财政补助申报和审批程序如下：（1）公开征集。商务部门发布申报通知。（2）申报受理。申报单位编写资金申请报告、实施方案及有关材料，并按时报送商务部门。（3）项目评审及确定。申报的项目需符合要求，商务部门会同财政等部门组织专家或者委托具有专业资质的第三方机构对项目申报方案进行评审，出具评审意见。财政信息中心或投资评审中心等单位对专家或第三方机构评审后的信息化项目费用进行核算并出具核算结果。商务部门会同财政等部门结合专家或第三方机构评审意见、项目核算结果及专项资金规模对集中评审后的项目进行筛选，确定拟支持的项目及资金预算。（4）项目公示。商务部门在门户网站对拟补助扶持的重要产品追溯体系建设项目进行公示，公示无异议后组织实施。

4．验收拨付

项目建成后，需保障追溯数据传输至重要产品追溯统一平台，并确保数据真实可信、链条完整、实时可查。商务部门会同财政部门组织专家对项目进行评估验收，也可委托第三方机构进行评估验收、审计等工作。验收合格的项目，由商务部门向财政部门提出拨款申请，财政部门按照财政专项资金管理有关规定办理资金拨付手续。

5．地方实践

上海市对符合条件的企业建设重要产品追溯系统建设项目，单个项目补助额不超过项目建设总投资的30%，补助总额不超过2000万元。厦门市对符合条件的企业追溯建设项目，单个项目补助额不超过项目建设总投资的50%。银川市对符合条件的企业追溯建设项目，单个项目补助额不超过项目建设总投资的40%，补助总额不超过400万元。

三、政企共建

1．资本合作

将政府和社会资本合作模式（PPP）运用到重要产品追溯体系建设等公共服务领域，引入社会资本承担追溯体系建设项目设计、建设、运营、维护的大部分工作，并通过"使用者付费"及必要的"政府付费"获得合理投资回报。优先选择收费定价机制透明、有稳定现金流的项目探索试点开展PPP项目。项目建设管理要参照《财政部关于印发<政府和社会资本合作项目财政管理暂行办法>的通知》（财金〔2016〕92号）等文件要求，进行项目识别论证、项目政府采购管理、项目财政预算管理、项目资产负债管理以及监督管理等工作。项目实施方案应当包括项目基本情况、风险分配框架、运作方式、交易结构、合同体系、监管框架、采购方式选择等内容。项目实施单位应当综合考虑社会资金竞争者的技术方案、商务报价、融资能力等因素合理设置采购评审标准，确保项目的长期稳定运营和质量效益提升。

2．政策衔接

政府部门与相关生产经营、技术服务等企业签订合作备忘录、合作协议等形式，给予相关政策倾斜，带动企业共建重要产品追溯体系。

例如：商务部与中国联合网络通信有限公司签署合作框架协议，启动双方在肉类蔬菜和中药材追溯体系建设领域的合作。中国联合网络通信有限公司将加大在试点地方信息基础设施建设投入，提升网络性能和技术水平，提供优质高效的通信服务，同时对试点地方追溯体系建设给予资费价格优惠。商务部市场秩序司与中国检验认证集团签署"开展重要产品追溯体系建设和商务信用建设"合作备忘录，在标准化、国际合作、追溯扶贫、商务信用研究等领域展开全面合作。浙江省商务厅与追溯服务、信用服务、电商平台企业及追溯公益机构签署政企合作共建浙江省重要产品追溯体系协议。工业和信息化部消费品工业司与腾讯微信签署合作备忘录，合作开发全国首个官方奶粉溯源小程序"婴配乳粉追溯"，将为消费者提供更便捷、权威的婴幼儿配方乳粉产品追溯查询方式。

3．市场对接

通过建立政府间跨区域合作机制，引导带动相关协会、联盟、企业共同推进地方特色产品追溯体系建设，引导地方特色产品产业结构调整、提升标准化、品牌化水平和质量安全保障水平，拓展销售渠道和销售市场。例如，在上海市商务局的引导下，当地追溯企业成立了长三角追溯联盟，以此为依托开展展会、培训、市场对接等相关工作。

第八章　追溯体系建设的情况、问题与形势

一、建设情况

1．总体情况

国家高度重视重要产品追溯体系建设工作。国务院办公厅于2015年印发《关于加快推进重要产品追溯体系建设的意见》（国办发〔2015〕95号），在深入总结前期追溯试点项目建设经验的基础上，就加快推进重要产品追溯体系建设作出全面部署。

近年来，商务部认真贯彻党中央、国务院部署，积极发挥牵头作用，会同各有关部门和地区，围绕食品、食用农产品、药品、主要农业生产资料、特种设备、危险品等重要产品，推动应用物联网、云计算等现代信息技术，推进重要产品追溯体系建设，在促进监管方式创新、提升企业质量管理能力、保障消费安全等方面取得了明显成效。

探索形成了政府统筹、部门协同的工作格局。同时，加强顶层设计，追溯政策法规体系不断健全。在政策层面，初步形成了以国务院95号文为统领、商务部等7部门《关于推进重要产品信息化追溯体系建设工作的指导意见》为支撑、各主管部门追溯体系建设实施意见为补充的政策体系。在立法层面，国家《食品安全法》《中医药法》《农药管理条例》《关于食品生产经营企业建立食品安全追溯体系的若干规定》等法律文件都对应用追溯作出了明确规定。上海、甘肃、石家庄等省市也先后出台了追溯体系建设地方性法规或规章。在标准制定方面，商务部联合国家标准委印发实施了重要产品追溯标准化工作方案，组织制定了一系列追溯行业标准，为实现追溯体系互联互通奠定了基础。

我国的产品追溯体系建设最初从食品安全的领域开始，后不断扩大到其他产品，相继制定出台了一些相关的政策、法规、标准和指南，开展了肉

类、蔬菜、中药材、酒类流通等追溯的试点示范，并初步搭建起系列追溯管理平台，从追溯链条、制度、标准规范、技术和信息管理系统等方面搭建追溯体系框架。

2．食用农产品追溯体系建设情况

从2010年开始，商务部会同财政部在全国分五批开展肉类蔬菜流通追溯体系试点工作，初步建成了以中央、省、市三级追溯管理平台为核心，以屠宰环节、批发环节、零售环节、消费环节及"产销对接"核心企业追溯子系统为支撑，以追溯信息链条完整性管理为重点的肉类蔬菜流通追溯体系，覆盖58个城市、约5万家企业、50多万家商户，每天汇总有效追溯数据约400万条，初步实现了试点范围内肉类蔬菜的来源可追溯、去向可查证、责任可追究，有效提升了流通行业肉菜安全保障能力。农业部门于2016年启动了国家农产品质量安全追溯管理信息平台建设工作，拟从纵向打通生产、收购、储藏、运输各环节信息，横向共享责任主体、过程记录、产品检测、执法监管及公众投诉等信息，支撑农产品质量安全监管能力整体提升。原农业部农垦局建立了"农垦农产品质量追溯展示平台"，针对水产品建立"水产品质量安全追溯网"。

3．食品追溯体系建设情况

原质检总局全面加强进口食品追溯体系建设，于2012年正式启用进口食品进出口商备案系统，实现了对进口食品境外出口商、境内进口商、境内销售的全过程信息记录和双向追溯，初步建立了我国进口食品信息追溯体系。截至2015年底，已累计备案境外食品出口商11.2万余家、国内食品收货人2.5万余家，填报进口销售记录56.2万余条。经国家发改委、财政部联合批复，由原质检总局组织五粮液集团、剑南春集团、蒙牛集团等2000余家单位实施国家重点食品质量安全追溯物联网应用示范工程建设，按照国家乳制品和酒类产品质量管理的相关规定，依托条码、RFID、无线传感、快速检测等物联网技术，基本建立了食品质量安全追溯标准体系，丰富了食品质量监督手段，实现了重点食品质量的源头可追溯、责任可追究、全程可召回、终端可防伪。

针对出口肉类等动植物源性食品的追溯，已依法建立了种养植（殖）基地与出口加工企业的备案管理、生产经营活动记录和产品标识标签管理、出口食品信息口岸申报、国外不合格产品通报核查等管理制度，基本实现了出口产品的可追溯。工信部遴选了6家婴幼儿配方乳粉企业，开展婴幼儿配方乳粉追溯体系建设试点工作；以内蒙古锡林郭勒盟为试点地区，开展了肉类食品质量安全信息追溯体系建设；以国家食品工业企业诚信体系公共服务平台为基础，开展食品工业企业质量安全追溯平台建设，自2014年6月平台上线以来，累计汇聚追溯数据3.6亿条，查询量超过10万次。

4．药品追溯体系建设情况

从2012年开始，商务部会同财政部在全国分三批开展中药材流通追溯试点工作。目前，初步建成覆盖中药材产地、中药材经营、中药材专业市场、中药饮片生产、中药饮片经营、中药饮片使用等6大中药材流通环节的追溯体系。覆盖累计汇总数据1700余万条，覆盖18个试点省市、14家中药材专业市场、约1000家追溯企业、1.4万家商户，中药材发码量约40万个，饮片发码量约1400万个。

原国家食品药品监督管理总局探索建设了药品电子监管码管理系统，逐步推广应用到麻醉药品、精神药品、疫苗、血液制品、中药注射剂、基本药品等品种方面。中国化学制药工业协会会同工业和信息化部电子一所，依托国家物联网标识管理公共服务平台，建设了药品信息追溯体系。

此外，四川等地区应用RFID和无线传感等先进技术，建成了道地中药材追溯系统。哈药集团、北京同仁堂和天津天士力建设了企业级药品追溯系统，具有较高的业内影响。以哈药为例，哈药集团自建了一套药品追溯系统，以大数据和产品物联网为支撑，独家开发了"业代宝""码上有""北斗定位"等系统，覆盖原料入厂、产品制造、物流配送、商业流通和终端销售等追溯节点的数据采集，实现了药品全程追溯。阿里健康建立了第三方追溯平台"码上放心"（http://www.mashangfangxin.com/），并兼容此前的"中国药品电子监管码"的技术标准，同时为原中国药品电子监管网上的医疗机构和药品企业免费提供入驻新平台的服务。与此前不同之处在于，新的平台作为第三方，不会再强制企业入驻，而此前已经习惯使用旧平台的企业，也可以顺利入驻新平台。

5. 主要农业生产资料追溯体系建设情况

农业部门积极推进饲料、兽药、种子、农药、化肥等主要农资追溯体系的建设。

饲料方面，原农业部根据《饲料和饲料添加剂管理条例》相关要求，以ISO09000、HACCP等质量认证管理体系理念为基础，设立了饲料企业生产必须执行的17项管理制度、22个操作规程和43个记录表单，全面覆盖原料采购与管理、生产过程控制、产品贮存和运输、产品投诉和召回等关键点。饲料企业基本建成了内部可追溯体系。

种子方面，原农业部从2014年起，选择部分玉米、水稻、小麦品种开展种子可追溯体系建设，覆盖11家企业160多个品种。推进试点企业委托代销与电商平台在线交易等模式，加强对经销门店和经销品种的备案管理，通过网站输入种子标签信息代码，即可获得品种名称、包装样式、审定编号、适宜种植区域、企业资质等相关信息。2014-2015年，查询人次超过3.6万人次，涉及种子1.2亿公斤。

兽药方面，原农业部重点推进兽药产品"二维码"追溯系统建设，研发了国家兽药追溯系统和国家兽药产品经营进销存系统，完成全国1864家兽药生产企业、33家境外兽药生产企业、30个省级兽医行政管理部门用户密钥制作与用户入网，以广东、广西、内蒙古三地为试点，开展经营环节和生产环节的系统对接工作。此外，还研发了国家兽药查询手机客户端，为形成全社会共同监管工作格局创造了条件。

农药方面，原农业部自2010年开始推行高毒农药定点经营，建立定点经营责任制和动态监管机制，累计在8省58县（市、区）设立了847家高毒农药定点经营示范门店，实行专柜销售、实名购药等制度，配发了计算机、扫码枪等追溯设备。通过农药监管和追溯信息平台，对定点经营单位进行统一编号标识管理，逐步实现农药监管网络化、信息化和制度化。针对杀鼠剂产品，统一了杀鼠剂标识和溯源信息码，实现杀鼠剂的可溯源管理。海南、山东等地区通过经营主体备案、产品条形码标识、凭身份证购买等管理措施，并将相关信息传输到监管平台，实现高毒农药溯源管理。

化肥方面，原农业部结合肥料登记管理工作，建立了登记肥料产品信息库，并对外发布登记肥料产品的登记信息。工业和信息化部确定14家化肥企业试点建立产品追溯数据库，推进化肥生产企业商品编码体系建设。

此外，全国供销合作总社自2011年开始，研究应用物联网等技术，初步建成农资物联网技术体系，颁布了供销合作行业标准《农资商品电子代码编码规则》；建立了全国农资网络电子地图、农资经营服务数据中心等技术支撑平台，研发出农资全程溯源与防伪、农资交易电子商务等业务系统，选择无锡市供销合作社为"农资物联网"示范基地，已完成26家农资经营网点的智能化改造，实现了区域内肥料、农药、种子等农资产品的可追溯，并开始稳步推进产业化工作。

中国农业生产资料集团、中国种子集团、浙江农资集团、安徽辉隆农资集团等76家企业进行了追溯体系建设，均取得较好效益。以安徽辉隆为例，作为最早开展农资追溯体系建设的企业，目前二维码自动扫描装置已连续3年无故障运行，实现了农资产品"辉隆""五禾丰"品牌品种追溯全覆盖，工厂年增加效益100万元以上。

6. 特种设备追溯体系建设情况

特种设备是指涉及生命安全、危险性较大的锅炉、压力容器（含气瓶，下同）、压力管道、电梯、起重机械、客运索道、大型游乐设施和场（厂）内专用机动车辆。其中锅炉、压力容器（含气瓶）、压力管道为承压类特种设备；电梯、起重机械、客运索道、大型游乐设施为机电类特种设备。建立特种设备追溯体系尤为重要。

由发改委、财政部联合批复，原国家质检总局组织实施的国家特种设备安全监管物联网应用示范工程，根据我国特种设备监管要求，利用物联网技术，完善了特种设备应用物联网技术标准体系，在北京、杭州、福州、南京、无锡、淄博等6个试点城市开展试点工作，已实现对8万部电梯、30万个压力气瓶的生产、安装、检验、使用环节开展智能管理，实现特种设备质量信息追溯、运维动态管理与实施跟踪、事故应急救援。在电梯产品追溯体系建设方面，原国家质检总局组织相关行业协会正在建设电梯型式试验信息公示平台，部分地市质量技术监督部门建立了电梯应急处置服务平台，8个城市正在开展电梯物联网安全监管试点示范。在气瓶产品追溯体系建设方面，原国家质检总局办公厅发布了《关于压力管道气瓶安全监察工作有关问题的通知》，鼓励气瓶制造企业将气瓶批量质量证明书和质量监督检验证书上网公示，并在产品外包装及合格证上加印二维码，方便用户查询。该通知同时提出，已采用信息系统自动保存气瓶充装信息的车用气瓶充装单位，不再进行人工书面记录和粘贴充装标签；部分企业建立了气瓶充装信息化系统。在移动式压力容器追溯体系建设方面，正在建设全国移动式压力容器信息服务平台，能够实现移动式压力容器设计、制造、检验、充装、使用等信息的采集、统计，已经在3个省开展试点。

特种设备整体建设典型有电梯质量安全追溯平台、移动式压力容器和气瓶追溯体系建设和全国气瓶阀门质量信息追溯平台。其中，全国气瓶阀门质量信息追溯平台由全国气瓶标准化技术委员会联合中国技术监督情报协会气瓶安全标准化与信息工作委员会搭建。在液化石油气钢瓶的阀门手柄上，都新加装了一片圆形的不锈钢二维码标识，实行电子版合格证（电子身份证）公示制度，建立起了追根溯源的"户籍制度"，将该阀门产品的二维码身份信息和阀门出厂检验结果（如螺纹检验、高低压气密性检验、检验日期、检验人等）记录于企业阀门检验系统平台中，并将检验合格的阀门身份信息上传至全国气瓶阀门质量信息追溯平台。

各地也自行探索建设特种设备追溯系统。例如，呼和浩特市建立的"一梯一档"；内蒙古包头市质量技术监督局和包头市特种设备检验所联合自主研发的"特种设备追溯体系信息化系统"，由一个统一特种设备数据平台、一个网络控制中心、两种追溯标识、四个专业信息管理系统及相关移动应用终端APP组成，可概括为"一一二四"信息化工程。通过一个数据平台、一个网控中心、双码识别标识，实现四个专业系统的互联互通，实现了特种设备全过程追溯和动态监管。目前，121个全国特种设备安全监察、检验机构可无偿使用该系统，362家生产和使用单位开通了账户，远程办理施工告知

1477条、使用登记1458台、检验申请4602台。杭州市启动了"电梯安全智慧监管"项目，截至2018年底，已实现电梯透明维保上线106243台，完成电梯安装智慧监管装置13973台。通过扫描电梯使用标识右下角的二维码，用户就能查询到电梯维保相关的详细信息，做到电梯维保"过程可追溯，结果可监督"。"福州市气瓶安全追溯管理系统"由福州市市场监管局牵头研发，该系统包括气瓶制造、气瓶登记、气瓶检验、气瓶报废、企业流转与公众监督六个部分。该系统通过对气瓶的生产、充装、检验与回收，进行大数据分析、运算，挖掘宏观调控数据，实施对整条生产链的监管，充分发动社会公众参与对气瓶的安全监督。

7. 危险品追溯体系建设情况

我国有化工企业10多万家、生产化工产品5万多种，特别是危化品生产、使用、运输和进出口总量大、种类多。由于危险化学品不同于一般商品，具有易燃、易爆等特性，所以在生产、存储、运输、销售以及销毁方面，都有着严格的规定。

2002年，国务院办公厅《关于进一步加强民用爆炸物品安全管理的通知》（国办发〔2002〕52号）要求，"民爆器材的生产、经营、使用单位必须建立并实现炸药、雷管等民爆器材生产、销售、使用登记制度，由民爆器材生产流通主管部门、民爆器材使用管理部门和公安机关实施联网监控"。国务院民爆行业主管部门会同公安部门先后制定了《工业雷管编码通则》和《民用爆炸物品警示标识登记标识通则》，为建立民爆物品追溯体系奠定了基础。2007年底，公安部门建成全国民用爆炸物品管理信息系统并投入运行，通过在生产源头进行产品编码，实现个体识别和流向监控等全程管理。2010年，国务院办公厅转发国家安全监管总局等部门制定的《关于进一步加强烟花爆竹安全监督管理工作的意见》，对烟花爆竹安全监管工作作出全面部署，要求"加快建立全国统一的烟花爆竹流向管理信息系统，对礼花弹的生产、销售、运输、燃放、进出口流向实施有效监管，并逐步实现对所有烟花爆竹产品和黑火药、引火线以及重要危险性原材料流向的信息化监管"。2012年，国家安全监管总局会同公安部建成全国烟花爆竹流向管理信息系统并投入运行，通过在产品包装及外包装箱上张贴相应的标识码并将相关信息采集、录入信息系统，实现烟花爆竹生产、经营、运输、燃放、销毁各环节的流向信息化监管。自2008年始，部分地方开始易制爆危险化学品、剧毒化学品追溯体系建设试点工作，河北、辽宁、吉林、黑龙江、江苏、安徽、湖北、湖南、广东、广西、贵州、宁夏、新疆等13个省区已基本建成追溯体系。

地方政府积极响应国家号召，针对危险品如烟花爆竹等建立追溯体系。湖南出入境检验检疫局与上海检验检疫局合作开发的"沪湘通"系统，是我国首个出口烟花爆竹质量安全追溯电子监管平台，全国80%以上的出口烟花爆竹可通过"互联网+"，实现全流程、可追溯电子监管。该系统采用物联网和云计算技术，实现货物信息数据的实时传输和跨区域共享。中国物品编码中心北京分中心与北京市局信息中心、化工质检站共同制定实施关键共性标准，统一数据采集指标和编码规范。通过政府引导，他们已在北京市化学试剂、车用尿素水溶液生产企业先行试点的基础上，逐步在北京市其他危险品生产、经营企业中推广，最终建立覆盖全市的危险品等重要化工产品追溯体系，实现数据信息可统计、质量状况可查询、产品流向可追溯，为政府部门科学有效地实施监管提供技术支持。

8. 稀土产品追溯体系建设情况

中国的稀土储量最多时占世界的71.1%，目前占比在23%以下。过去几十年，中国承担了世界稀土供应的角色，付出了破坏自身天然环境与消耗自身资源的代价。稀土较为特殊，属于不可再生资源，而且稀土开采属于重污染行业，当前行业存在地方无序开采以及私人等偷盗行为。因此，建立稀土产品追溯体系，覆盖从原料开采、测定、分解冶炼提纯到应用环节尤为必要。

工信部在《原材料工业两化深度融合推进计划（2015–2018年）》提出，要依托重点单位建立稀土等产品追溯系统，采用物联网、射频识别、物品编码等信息技术，建立稀土产品追溯数据库。工信部将稀土产品追溯体系列入工业转型升级重点项目，安排财政资金支持系统建设。工信部依托大型稀土集团如包钢稀土、广晟有色、厦门钨业、赣州矿业，在赣州、福建等稀土重点矿区建稀土数字化矿山示范工程。利用数据库技术、储量动态计算技术和矿山三维数字建模等现代信息技术，建立稀土矿山储量和生产过程三维可视化模型，实现稀土储量动态管理、生产智能化控制及地质灾害监控等，提高稀土资源利用率和企业智能化管理水平。目前赣州矿业已成功应用稀土产品追溯，实现了稀土产品实名制。

9. 产品进出口追溯体系

目前国内在进出口食品、汽车、跨境电商等领域积极探索了追溯体系建设。由中国出入境检验检疫局建立的中国进口产品追溯平台，配合使用"进出口产品追溯监管系统"，应用于食品可实现进口食品快速通关。目前，在天竺综保区有 12 万件类似进口食品通过加贴防伪追溯标签、为进口食品提供防伪追溯码、出口食品过程检验和防伪溯源，该功能目前已在近百万件供港澳鸡蛋等出口产品出得到应用。第三方溯源平台的建立更是如雨后春笋，层出不穷。例如，全国进口商品溯源平台目前对接了宁波口岸、厦门口岸和湖南口岸，提供六种防伪码，覆盖海外采购、报检报关、进口企业、监管仓库（粘贴溯源码）、商品流通和消费者整个进口商品全过程。

二、存在的问题

目前，追溯服务产业仍处于发展前期阶段，由于缺乏宏观指导和产业规划，在标准规范、政策措施和发展模式等方面，存在一些亟待解决的问题，主要包括：

一是尚未形成系统化的国家重要产品追溯标准体系。"十二五"期间，各相关部门出于产品监管需要，开展了部分品种的追溯体系建设，建成了信息化追溯平台或系统，同时制定了配套的相关标准规范。但是由于缺乏统一的追溯体系建设规划，未能形成系统化的国家标准体系，在追溯模式、编码规则、采集指标、数据接口等方面，各部门的追溯标准内容规定并不统一，导致企业面临选择时无所适从，制约了追溯行业的发展。因此，迫切需要科学规划、构建统一的重要产品追溯标准体系，指导企业自行建设追溯系统，同时构建国家重要产品追溯统一服务平台，实现系统间互联互通和信息共享。

二是重要产品追溯体系运行监管机制尚不健全。重要产品追溯体系涉及到企业主体备案、追溯过程管理、产品检测检验管理、应急处理与召回等多个部门多项管理职能业务，涉及产品生产、流通、消费全过程各个环节。业务管理上各部门各负其责、各司其职，但是缺乏顺畅的信息共享交换机制，部门间、区域间协调联动不够，应急处理等业务缺乏协同配合，无法全面发挥追溯体系的实际效果。因此，各地要根据追溯业务需求，梳理追溯业务流程，完善追溯管理系统，创新追溯管理机制，增强信息共享交换与业务协同，提高综合治理能力。

三是追溯体系服务产业发展不够成熟，尚未形成市场内驱的商业模式。近些年来，相关部门主导出资建设了部分品种的追溯体系，主要满足自身行业监管需要，并未充分考虑企业内部管理和市场营销等相关需求，导致企业被动参与体系建设，积极性不高，配合度比较低，建成的追溯信息系统与企业内部的管理信息系统融合度低，投入的运维成本偏高。由企业自行投资建设信息追溯系统，由于缺乏公信力，大部分中小型企业难以承受较高的成本，严重制约了追溯服务产业发展。因此，迫切需要转变发展思路，创新追溯行业发展模式，调动生产经营企业、行业协会、社会公众等更多社会力量参与追溯体系建设，建立健全可持续发展机制，最终实现政府治理和企业管理双重目标。

四是追溯体系覆盖面仍然不够，在产品、企业、区域覆盖上差距较大。当前及今后一段时期，要突出产品、企业、区域和领域四个重点，着力扩大追溯体系覆盖面。一是突出重点产品。各地结合各自实际特点，确定本地区重要产品清单，扩大本地区追溯体系重点产品范围，推动相关部门开展主管领域追溯体系建设。二是突出重点企业。要抓住大型龙头企业，或者处于供应链主导地位的批发市场和超市等企业，建立覆盖从源头到终端的全过程追溯体系。三是突出重点区域。农产品质量安全、食品药品安全等各类创建活动区域要先行先试，发挥模范带头作用。京津冀、长三角、珠三角等协同发展战略区域，要加强协调联动，探索建立跨区域协同的追溯体系。四是突出互联网应用领域。充分利用"互联网+"，抓重点平台企业，特别是电商企业，发挥其平台和渠道优势，建设电商追溯联盟，推动电商企业建立产品追溯制度，带动平台内企业和供应链上下游企业建设追溯体系，有效扩大追溯体系覆盖面。

三、面临的形势

产品质量安全形势依然复杂严峻。近年来，假冒伪劣、过期食品、危险品爆炸、电梯伤人等产品质量安全事件频发，造成了严重的社会危害，打击了公众对国内产品的消费信心。从产品属性看，部分产品尤其初级农产品包装化程度低，经济价值偏低，追溯体系建设应用成本较高。从产业组织看，部分品种生产经营组织化、信息化程度偏低，流通渠道丰富多样，危害分析关键控制点较多，为追溯体系建设带来了一定困难。从企业管理看，部分企业主体安全责任意识不强，管理水平有待提高，行业诚信体系建设仍需完善。严峻复杂的产品质量安全形势为追溯服务产业发展带来了机遇。

追溯体系建设引起国家和社会公众的高度重视。随着全民健康安全意识的不断增强，重要产品质量安全特别是原料质量保障问题受到全社会高度关注。公众更加关注身体健康、生活质量和生命权益，消费者维权意识持续提升，公众对重要产品质量安全信息的获取愿望日益强烈，对参与重要产品质量安全事业具有更高的积极性，对于具有公信力的追溯体系充满期待。

政府作为行政主体，解决日益严重的重要产品质量安全问题已经成为其行使职能、取信于民的关键，在重要产品安全危机中，追溯体系有助于及时查清问题来源，召回问题产品，降低事件损失，增强公信力。在2013年12月中央农村工作会议上，习近平总书记强调要抓紧建立健全农产品质量和食品安全追溯体系，尽快建立全国统一的农产品和食品安全信息追溯平台。国务院办公厅发布了《关于加快推进重要产品追溯体系建设的意见》（国办发〔2015〕95号）后，各部门结合自身监管职能，纷纷制定相关政策措施，推动信息追溯体系的建设。

重要产品产业优化升级，为全程追溯奠定了基础。随着经济发展，我国重要产品产业结构不断优化，龙头企业市场份额越来越大，重要产品组织化程度和信息化水平不断提高。随着消费需求的升级，各项产品规格化、标准化和包装化比例不断提高，为信息化追溯体系建设提供了条件。产品流通领域，产销对接、厂场对接、网络交易等新型商业模式大大优化了业务流程，提高了流通效率，将显著降低信息追溯的建设成本，提高追溯的准确性。

追溯体系相关业务的支撑能力快速提高。当前和今后一段时期，通信网络与增值服务、物联网感知技术、电子支付结算、企业信用评价、现代冷链物流等相关技术支撑体系加快完善。通信网络不断提速降费，二维码、无线射频识别、标识解析与管理等物联网技术得以快速普及，云计算、大数据等先进技术等得以大规模应用，淘宝、京东等电商平台蓬勃发展，电子支付结算应用服务发展迅猛，各类批发市场纷纷开展信息化建设，传统仓储转型升级到现代物流港，冷链物流体系建设方兴未艾，社会信用环境不断改善，这些方面对信息化、智能化追溯体系建设的支撑能力不断增强。传统的软件开发企业，根据市场需求迅速作出反应，纷纷将产品追溯功能加入进销存管理软件或ERP软件产品。

第四部分　应用篇

第九章　追溯应用

第九章 追溯应用

建设信息化追溯体系，对于提升政府监管能力和行业管理水平、提高企业质量管理能力和市场竞争力、保障消费者权益等方面具有积极意义。

一、政府部门

1. 服务于政府监管与应急处置

近年来，党中央、国务院大力推动放管服改革，着力激发市场活力，更好地发挥市场配置资源的决定性作用。在国务院推进放管服改革电视电话会议上，李克强总理再次强调，政府要继续加强事中事后监管，切实做到"放管结合"。加快建设重要产品追溯体系，可以运用信息化手段创新监管机制和方式，丰富政府事中事后监管手段，健全监管体系，提高监管效率，实现政府监管与社会监督有机结合。

《关于协同推进肉菜中药材等重要产品信息化追溯体系建设的意见》（商秩字〔2019〕5号）指出，要"推进追溯应用协同"，并明确了有关部门充分利用追溯系统记录的产品生产流通与来源流向等基础信息，开展产地准出管理、市场准入管理以及问题产品应急召回处置等工作；充分利用追溯体系记录生产经营主体信息和产品质量安全信息，开展追溯主体信用监管，建立完善的产品质量安全档案，形成守信联合激励、失信联合惩戒机制；依法加强对生产经营企业建立实施产品追溯制度的监督检查。

从监管思路来看，首先将重要产品生产经营追溯体系建设情况列入监管内容，同时对追溯技术服务企业尤其是第三方追溯服务平台承建商加强监管，确保追溯数据真实、有效。在这个前提下，方能开展追溯主体行为监管、产品质量监管等。因此，须尽快建立完善的各级重要产品追溯管理平台，实现跨部门的追溯数据共享和业务协同，最大限度融合各部门监管需求。利用重要产品信息化追溯体系有助于形成"监管链"，可以打破分业监管、分段监管壁垒，提升政府协同监管效能。

发生产品质量安全事件时，利用重要产品信息化追溯体系可快速锁定产品的来源、流向、产品数量分布使用情况以及责任主体，从而提高应急处置管理能力。

相关行业管理部门整合追溯数据资源，充分发挥追溯体系在市场监测与运行调控、行业管理、维护公共安全和使用者权益等方面的积极作用；鼓励生产经营企业在满足监管需要的前提下，结合自身需求拓展追溯系统功能，提升产品防伪、品牌信誉及精准营销水平。建立便捷高效的追溯信息公共查询通道，便利消费者查询，保障放心消费。

2．助力供给侧结构性改革

2015年的中央经济工作会议指出，要适应把握引领经济发展新常态，坚持以推进供给侧结构性改革为主线。我国经济运行面临的突出矛盾和问题的根源是重大结构性失衡，其中一个重要方面就是供需结构错配。一方面我们制造业大量产能过剩，另一方面老百姓消费需求得不到有效满足，出现了"国内挣钱国外花"的现象。出现这些问题，既有生产制造的"短板"问题，也有流通供应链的"短板"问题。加快建设重要产品追溯体系，可以帮助企业提高供应链信息化管理水平，有效倒逼生产经营企业加强产品质量安全控制，促进生产流通各环节高效对接和协同，降低供给成本，保障供给质量，增加有效供给，减少信息不对称和供需错配，助推供给侧结构性改革。

3．辅助开展市场调控

利用重要产品信息化追溯体系，记录产品生产、流通以及价量额等信息，可以有效地辅助开展市场运行监测和调控。例如，当监测到生活必需品批发零售等环节出现价格异常波动、供需失衡等情况时，可及时采取相关产品的储备投放、物资调运等措施，以保证市场稳定供应。

4．助力精准扶贫

利用追溯体系，可将贫困地区农特产品的生产、流通和销售过程与"建档立卡"贫困户精准关联，进而保障脱贫攻坚工作的精准开展。以贫困县、贫困村和建档立卡贫困户为主要扶助对象，在有条件的贫困县实施追溯体系精准扶贫工程，建立以地方政府为主导、以社会组织和相关企业为推进主体、以物联网等信息化工具和现代物流为技术支撑的追溯扶贫体系，加快贫困地区特色农副产品的品牌建设，通过电商拓宽销售渠道，带动农户脱贫致富，让城市消费者也享受到安全、放心的农特产品，实现共赢。

二、实施企业

1．强化企业质量管理能力

产品质量是企业赖以生存的基石，通过建立产品追溯体系，企业可以实现对产品生产过程全程化的追踪管理，既加强了企业质量管理，减少了纠错成本，又收集商品情报了解消费趋势，提高快速响应能力。当出现质量问题时，通过建立追溯系统，迅速查清楚相关批次和质量问题存在的关键，并召回相关批次产品，既能够快速处理消费者的问题，同时减少召回损失。

要建立产品追溯体系，就必须在生产过程中记录每一道工序的检验结果及存在问题，记录操作者及检验者的姓名、时间、地点及情况分析，在产品的适当部位作出相应的标志。一旦发生质量安全事件，可以快速追溯到责任者的姓名、时间和地点，极大地提升了员工的责任感。

产品追溯与生产执行系统可帮助企业更实时、高效、准确、可靠地实现生产过程监督与管理，结合最新的条码、二维码、电子标签等设备以及互联网、物联网等最新技术，衔接原料、生产、检验、包装、仓储等各关节关键数据指标，有效收集管理对象在生产和物流作业环节的相关信息数据，跟踪管理对象在其生命周期中流转运动的全过程，使企业能够实现对采、销、生产中物资的追踪监控、产品追溯、销售窜货追踪、仓库自动化管理、生产现场管理和质量管理等，落实质量安全的主体责任，提高质量安全自我管控能力，最终形成企业内部的产品质量管理数据中心。

在汽车领域，多家汽车公司已经建立了追溯体系召回机制。日本的丰田汽车公司通过自身零部件追溯系统，能够快速定位受缺陷零件影响的车型、数量以及销售地等重要信息，在短时间内召回产品，从而最大限度地挽回消费者的信心。

2．加强产品流通渠道管理

在流通过程中，追溯体系引申出的渠道管理、代理商管理、订单管理、物流管理、库房管理、数据统计管理、产品管理、防窜货管理等功能，可以帮助企业追踪产品流通轨迹，加强产品流通与渠道管控能力，进而缩短产品的流通周期、降低流通成本。

许多企业实行区域化销售，针对不同的地区、不同的渠道商采取不同的价格政策；产品销往指定的市场地区，产品不能在非指定地区销售。赋予商品溯源码，一物一码互相对应。供应商在出厂发货的时候会做记录，发给某个地区的供应商是哪些编号的商品都有记录。如果发现销售地区和原记录不符合，则有窜货的嫌疑。这样，通过产品追溯可以加强流通渠道管理。比如，烟酒企业实行的是按区域销售制度，通过追溯可以及时发现串货问题，提升渠道管理能力。

产品追溯可以基于用户的使用场景，利用大数据分析定向目标的人群，结合红包、积分、代金券等营销功能，帮助企业不断创新，让企业以更小的成本获取更好的营销效果。

3．帮助企业构建差异化竞争策略

在追溯体系建设过程中，"物联网/互联网+追溯"的深度融合是企业构建差异化竞争策略的重要思路。企业可以运用追溯与销售、商业化增值应用的双重功能，将追溯体系建设与品牌营销、电子商务、网络支付、智慧物流等相结合，为消费者提供更优质的信息交互体验、更便捷的在线购物交易、个性化的精准营销与服务等，进而提升经济效益。

借助追溯体系，实现创新服务体验：企业追溯体系建设，应该顺应个性化、多样化、品质化消费趋势，充分运用追溯二维码入口、移动终端、社交媒体与消费者进行互动，推广精细服务，提高服务技能，建立及时、高效的消费需求反馈机制，做精做深体验消费。运用大数据、人工智能技术，分析客户消费行为，开展场景式的精准服务和定制服务。

将线下产品、物流、体验等优势与线上丰富的内容信息流、便捷的电子支付、灵活的社交分享融合，形成追溯体系云服务与配套的商业增值服务相结合的高效、高质量PPP模式，同时有力地推动实体零售创新转型。

如果从监管视角看，追溯对企业而言是"成本工程"，那么从企业及消费者端看，追溯二维码（即商品二维码）是企业深藏的金矿，是企业连接用户的基点，是用户触达精准复购与服务的天窗。运营好商品二维码，追溯完全可以成为企业的利润源泉。以追溯体系构建企业差异化竞争优势，可以从以下几点进行：

（1）追溯二维码与"扫码支付"打通

产品是连接用户的基点，产品二维码是"人货场"精准交互的通道。我们将产品的追溯二维码与扫码支付交易打通，并嵌入产品在线服务，用户扫描二维码，即可实现多触点的服务与营销触达。追溯与扫码支付交易的打通，解决了企业获客难、服务不便捷的痛点，为企业创造了新的自有销售渠道。

（2）追溯二维码与"商品的媒体化"结合

以"一物一码"的发展契机，推进商品的全面媒体化。媒体的本质是传播信息的媒介，不但人可以成为自媒体，商品也可以成为自媒体。当商品成为自媒体时，商品的基本信息——"溯源信息"将自动涵盖其中；除此之外，品牌信念的传播、营销活动的落地、电商功能的打通、产品故事的传播等均将得以紧密捆绑在一件商品之上。让"商品自己会说话"——这使得每一件商品都成为企业品牌的"代言人"。

（3）挖掘商品二维码的线下流量价值

以一家普通中小企业为例，假如该企业每年生产销售500万件商品，每件商品外包装印上设计新颖、醒目的二维码，以行业平均自然扫码率5%计算，则每年可以产生25万PV的线下流量。对比线上推广，要想获得同样25万PV的点击流量，企业需要付出巨大的流量成本。基于追溯二维码进行增值拓展，线下流量获取成本很低，尤其是在外包装印码的情况下几乎零成本。此外，扫描二维码的线下流量，用户精准度更高，而且可实现"扫码即留存"，为进一步进行消费者精细化管理与圈层营销提供基础。

围绕"追溯、支付、营销、SCRM"提供一体化服务。通过"二维码入口"，执行品牌宣传、促销活动、精准内容推送、线上分享，为企业实现大规模集客吸粉、销售产品。

运营商品二维码引入的线下流量，整合"物与物、线上与线下"等异业合作渠道，帮助企业拓展新用户。

专注于商品扫码场景，运用大数据、人工智能技术，分析客户消费行为，开展场景式的精准服务和定制服务；围绕消费行为、喜好数据进行SCRM管理，进而实现二次精准营销。

4．提高企业经营效益效率

产品质量追溯体系可提升企业的经济效益，这主要体现在树立品牌形象和节约成本两方面。

一是帮助企业树立品牌形象。品牌是企业无形的资产，是企业在市场中竞争的有力武器之一，溯源对企业品牌的宣传具有重大的意义。

二是帮助企业节约成本，降低质量安全风险。产品追溯可以防止相似的生产项目在企业中重复投资，进而减轻企业的负担，实现资源共享，节约社会投资和管理运行成本。

例如，麦德龙集团采用可追溯解决方案对零售库存和保质期数据进行管理，实现供应链管理可视化，增强了供应商跟踪与商品配送管理，大大提高了运营效率。很多电子产品企业通过建立质量追溯系统，实现零部件等规范化管理。再如，韩国三星电子建立印制电路板（PCB）质量追溯系统，通过商品追溯管理与物料管理模块，协助其制定商业决策，降低数据采集成本，从而大幅度提升企业的精细化管理水平。

5．培育供应链金融服务

追溯为供应链物流、资金流、信息流实时控制提供了数据依托和行业基础。以供应链金融服务为契机，银行等金融企业已逐渐被纳入追溯体系建设合作单位。对溯源企业的上、下游提供贷款，并通过对供应链物流、资金流、信息流进行管理或服务，降低贷款风险，实现了资金流向透明、监管放贷有据、追溯与结算一体、银行与经营者"双赢"。按照"信息流、资金流、货物流"三流合一的思路，银行不仅对节点上的企业和商户可以开展信贷支持，而且便于对资金流向开展实时监测，从而对经营主体的信用情况了然在胸，有效提升贷款质量及贷款规模。

在传统模式下，供应链上下游信息的不对称，导致核心企业与供应商之间的交易信任度较低，并且金融机构主要针对核心供应商，而其他供应商难以筹集资金，很可能导致后续环节的停滞。

当前的市场竞争已经从单一客户之间的竞争转变为供应链与供应链之间的竞争，同一供应链内部各方相互依存，"一荣俱荣、一损俱损"。商品溯源可以保证所有供应链的交易节点可追溯、绝对真实可靠，保证商品的质量和安全，将商品的全程生产信息上链，形成完整的可追溯的供应链。

金融机构在提供服务时，在供应链中会寻找出一个大的核心企业，以核心企业为出发点，为供应链提供金融支持。处在供应链上的企业一旦获得银行的支持，资金这一"脐血"注入配套企业，也就等于进入了供应链，从而可以激活整个"链条"的运转；而且借助银行信用的支持，还为中小企业赢得了更多的商机。建立商品溯源体系为供应链提供信任支撑，将会培育出更多的供应链金融服务。

近年来，银监会积极引导银行业金融机构明确信贷投放重点，调整信贷投向，支持追溯体系建设。鼓励银行业金融机构在风险可控、商业可持续的前提下，根据自身业务重点，及时调整信贷投向，支持追溯体系建设。农业银行于2016年初出台了《"三农"信贷政策指引》，要求全行加大对农产品质量追溯体系建设的信贷投放力度，在粮食生产领域明确要求"加大对粮食生产企业标准化、品牌化建设的支持力度，支持企业建立粮食产地质量证明及质量安全追溯体系"，通过支持企业建立产品追溯体系，推动粮食生产从高产量向高品质转变。开发银行修订了《农产品流通项目开发意见》，突出了国家级农产品专业市场、"南菜北运""西果东送"、农产品现代流通综合试点等重点投向，引导全行将有限的资金用到改善民生项目。工商银行在易燃、易爆、剧毒等高危化学品领域，从环保合规、资质要求、所处地域、技术工艺、清洁生产等方面明确了客户信贷准入标准；还在化工板块行业信贷政策中，明确严格涉高危化学品客户准入。工商银行在特种设备方面，逐步细化完善行业信贷政策，明确要将特种设备制造企业的安全稳定性、设备维护和售后服务等情况作为客户准入的核心因素，并引导分行择优支持行业内领先企业。农发行与商务部等12部门于2016年4月6日联合下发《关于加强公益性农产品体系建设的指导意见》(商建函〔2016〕146号)，鼓励公益性农产品市场采用GAP、HACCP等认证手段保障质量安全，实现质量安全可追溯。

三、终端用户

1. 提高终端消费意愿

大力推进重要产品追溯体系建设，有利于更好地扩大消费。在我国拉动经济增长的"三驾马车"中，消费已经连续三年成为第一拉动力。要保持经济中高速增长，必须着力扩大消费需求。然而，在当前消费领域尤其是食品药品领域还存在很多影响老百姓安全消费、放心消费的突出问题，严重削弱了老百姓的消费信心，抑制了市场消费潜力。习近平总书记指出，要切实加强食品药品安全监管，用最严谨的标准、最严格的监管、最严厉的处罚、最严肃的问责，加快建立科学完善的食品药品安全治理体系。建设国家重要产品追溯体系，就是总书记强调的"加快建立科学完善的食品药品安全治理体系"的重要一环，是践行商务为民宗旨，保障老百姓安全消费、放心消费的一个重要途径和手段。加快建设重要产品追溯体系，构建"来源可查、去向可追、责任可究"的追溯链条，联通产品流通上下游环节，有利于提升消费意愿，让老百姓安全消费、放心消费，进而为扩大消费、促进经济增长作出贡献。

2．提高消费者维权能力

基于"物码合一"，构建"来源可查、去向可追、责任可究"的追溯链条，消费者购物时应索取带有追溯码的票证。当出现产品质量安全问题时，消费者可以凭证维权，进而保护自身合法权益。